그림책으로 만나는
인권교육

그림책으로 만나는
인권교육

초판 1쇄 인쇄 2021년 11월 25일
초판 1쇄 발행 2021년 11월 30일

지은이 강진미·김종순·김한민·박은정·안영신·이경희·장진희·전세란·전은주
펴낸이 김승희
펴낸곳 도서출판 살림터

기획 정광일
편집 조현주·송승호
북디자인 꼬리별

인쇄·제본 (주)신화프린팅
종이 (주)명동지류

주소 서울시 양천구 목동동로 293, 2215-1호
전화 02-3141-6553
팩스 02-3141-6555
출판등록 2008년 3월 18일 제313-1990-12호
이메일 gwang80@hanmail.net
블로그 http://blog.naver.com/dkffk1020

ISBN 979-11-5930-210-7 03370

*가격은 뒤표지에 있습니다.
*잘못된 책은 바꾸어 드립니다.
*이 책은 저작권법에 따라 보호를 받는 저작물이므로 무단 전재와 복제를 금합니다.

*이 도서는 한국출판문화산업진흥원의 '2021년 우수출판콘텐츠 제작 지원 사업' 선정작입니다.

그림책으로 만나는
인권교육

강진미·김종순·김한민·박은정·안영신·이경희·장진희·전세란·전은주
시민모임즐거운교육상상 인권교육센터

살림터

머리말

 여기에 그림책을 참 좋아하는 사람들이 있습니다. 좋아하는 작가의 작품을 모조리 다 사서 모으는 사람도 있고 특정한 주제를 담은 그림책을 찾기 위해 동네 도서관이라는 도서관은 몽땅 휘젓고 다니는 사람도 있습니다. 마음을 단박에 사로잡는 그림책을 만나기라도 하면 세상을 다 가진 얼굴을 하고선 그 책을 다른 사람에게 보여 주려고 몇날 며칠을 가방에 넣고 다니는 사람도 있습니다. 그림책에 한번 빠지면 입과 손발이 근질근질해서 가만히 있을 수가 없는 사람들입니다. 그래서일까요? 어느 날 이런 사람들이 모여서 이야기를 나누다가,
 "그림책으로 아이들과 뭔가 해 보자."
 "그래, 교육상상(시민모임즐거운교육상상) 인권교육센터랑 인권과 평화와 관련된 그림책들을 찾아서 같이 보는 건 어때?"
 "이참에 동네 아이들과 함께 할 수 있는 활동들도 만들어 보자!"
 머릿속에서나 상상했던 일이 실제로 벌어지고 말았습니다. 각자 읽었던 책 중에서 인권과 평화와 관련된 그림책들을 가지고 와서 소개하고 같이 읽었습니다. 주제(나, 편견, 가족, 장애, 성性, 난민, 인종차별, 전쟁과 평화, 연대 등)를 정하고 그 주제들에 잘 맞는 책인지, 아이들과 같이 읽고 활동하기에 괜찮은지 서로 의견을 나누었습니다. 그렇게 고

른 그림책을 이용해서 아이들과 함께 할 활동들도 만들어 가며 매주 수요일 오전 10시, 1년을 그리 보냈습니다.

　이런 과정을 통해 만들어진 활동들을 A4 용지로 출력해서 묶어 놓고 보니 우리끼리만 가지고 있기에는 좀 아깝기도 하고 살짝 욕심도 생겼습니다. 까짓 이왕 이렇게 된 거 좀 더 다듬어서 책으로 내는 게 어떠냐고 누군가 제안을 했습니다. 그렇게 또 3년에 걸쳐서 학교와 지역아동센터, 대안학교 등에서 우리가 만든 활동들을 직접 진행해 보고 좀 더 다듬었습니다. 이 책 안에 모여 있는 열한 가지 주제들과 그에 따른 활동들, 그 속에 있는 그림책들과 자료들이 바로 그 3년의 결과물입니다.

　누구나 하는 말이지만 이제 겨우 첫발을 디뎠습니다. 걷고 뛰기 위해서는 더 많은 시행착오와 노력이 필요할 것입니다. 우리가 찾은 그림책들보다 더 적절한 그림책도 있을 것이고 또 더 좋은 프로그램도 만들어지겠지요. 더 많은 아이들을 만나서 더 풍부해져야 하는 과정, 또 한 번 허물을 벗는 과정이 남겨져 있으리라 생각합니다. 단지, 우리의 작은 노력이 인권과 평화를 위한 교육활동에 조금이라도 도움이 되었으면 하는 바람뿐입니다.

　이 책이 나오기까지 온몸으로 애써 주신 시민모임즐거운교육상상 식구들에게 고마움을 전합니다. 특히, 지금 몸은 다른 지역에 계시지만 이 책을 내는 첫걸음에 인권에 대한 원칙과 프로그램에 대한 고민을 나누며 함께하셨던 이금득 선생님에게 고마움을 전합니다. 또한 효문고등학교, 서울유현초등학교, 서울정릉초등학교, 여러 지역아동센터와 대안학교에서 이 활동들을 같이 만들었던 모든 친구들과 선생님들이 없었다면 이 활동들이 세상에 나오지 못했을 것입니다. 늘 우리 아이들에게 절실한 교육에 한 발 더 가까이 가려고 치열한 고민을 멈추지 않는 살림터 정광일 선생님의 애정이 이 거칠기만 했던 원고가 책으로 만들어질 수 있게 해 주었습니다. 참 고맙습니다. 끝으로 이 책에 담긴 활동들에 관해 궁금한 점이 있다면 주저하지 마시고 연락 주세요. 우주만큼 팔 벌려서 환영합니다.

이렇게 활용해 보세요

　이 책은 아이들과 함께 인권교육을 하려는 분들을 위해 만들어졌습니다. 인권과 관련된 11개의 주제를 그림책을 통해 접근하는, 2시간 내외의 교육활동안들이 제시되어 있습니다. 지속적으로 일정 기간 꾸준히 인권교육을 할 계획이라면, 이 주제들을 처음부터 차례대로 다루어도 좋겠습니다. 때에 따라서는 몇 가지 주제를 고르거나 특정한 주제만 다루어도 좋습니다. 누구라도 여기에 있는 활동들에 참여할 수 있겠지만 10대 초중반 정도의 나이를 염두에 두었습니다.

　이 책의 장점은 그림책이라는 멋진 매체를 통해 인권교육에 접근하고 있다는 것입니다. 좋은 그림책은 몇 장을 넘기는 것만으로도 말로 표현하기 어려운 깊은 울림을 주곤 합니다. 또 어려운 주제라도 용기를 내어 다가갈 수 있게 만드는 힘이 있습니다. 이런 까닭에 인권과 관련된 주제를 담은 '좋은' 그림책을 찾으려 애썼고, 그렇게 찾은 책들은 각 활동들을 시작할 때 소개하거나 활동을 갈무리할 때 사용하기도 했습니다. 또 그림책의 일부를 이용해서 활동의 한 부분으로 구성하기도 했습니다.

　이 책은 주제별로 네 가지 영역으로 구성되어 있습니다.

■ 주제와 활동 흐름에 대한 소개

인권의 시선으로 각 주제들이 어떤 의미를 갖는지, 또 이런 주제들을 아이들과 이야기해 보려는 까닭이 무엇인지, 이 활동을 통해 어떤 변화를 바라는지 밝혀 두었습니다. 인권의 출발은 나와 나를 둘러싼 공동체 구성원들의 존엄성을 확인하는 것에 있다고 보고, 처음 주제를 나와 나를 둘러싼 관계로 두었습니다. 물론 이 주제들은 순서에 상관없이 독립적입니다. 그리고 여기서 다루지 못한 주제들은 다른 기회를 통해 나눌 수 있도록 준비하고 있습니다. 참고로 각 주제와 관련된 헌법 및 국제법 주요 조항들도 같이 실었습니다.

■ 인권교육활동안

각 주제별로 이루어지는 활동들이 자세히 소개되어 있습니다. 먼저 중심이 되는 활동들과 활동에 사용되는 그림책의 내용과 선택한 까닭을 실었습니다. 이어서 네다섯 가지 정도의 중심 활동들을 좀 더 상세하게 시간의 흐름에 따라 제시했습니다. 주로 진행자와 참여자들의 피드백 과정으로 표현해 보았습니다. 함께 실린 활동 사진들과 이 활동들을 직접 해 보면서 얻게 된 팁들은 활동 흐름을 이해하는 데 도움이 될 것입니다.

■ 활동 자료 및 읽기 자료

각 주제별로 활동에 필요한 활동지, 사진, 읽기 자료, 활동에 쓰이는 PPT 자료 등을 한눈에 볼 수 있게 실었습니다. 활동을 계획하는 단계에서 이 자료들을 검토한다면 전체적인 흐름과 준비해야 할 것들을 파악하는 데 도움이 될 것입니다. 이 자료들을 그대로 사용해도 되지만 활동 조건이나 상황에 맞게 적절하게 수정, 보완해도 좋겠습니다. 읽기 자료에는 각 주제에 대한 좀 더 깊은 이해를 돕기 위해 활동에 참여한 아이들과 함께 읽어도 좋은 내용들도 제시했습니다.

■ 참고 자료

각 주제와 관련된 그림책들을 먼저 실었습니다. 우리가 살펴본 그림책들 중에서 같이 보면 참 좋겠다 입을 모았던 책들을 되도록 많이 소개하려고 했습니다. 그중에는 주제를 직접적으로 보여 주는 그림책도 있고, 주제와 관련해서 은연중에 생각해 볼 거리를 주는 그림책도 있습니다. 각 주제에 대해 좀 더 깊이 살펴보고자 할 때 도움이 될 만한 단행본도 제시했습니다. 주로 전문적인 책들이지만 이 중에는 어린이, 청소년들이 읽을 수 있는 책들도 포함되어 있습니다. 참고할 만한 영화, 다큐멘터리, 광고 영상들도 함께 담았습니다.

유엔에서는 2015년 9월, 2000년에 채택된 새천년개발목표 8가지를 더욱 구체화해 17가지의 지속가능발전목표SDGs: Sustainable Development Goals를 정했습니다. 이 목표들은 미래 세대가 지구라는 행성에서 자신들의 존엄성을 지키며 살아가기 위해 2030년까지 당장 이루어야 할 것으로, 유엔 가입국들이 합의한 것들입니다. 이 책은 궁극적으로 '아이들의 성장과 인권'이라는 주제에 초점을 맞추고 있고, 이 책에서 다루는 주제들은 이 17가지 목표와 긴밀히 연관되어 있습니다. 우리의 작은 노력이 이 목표들에 한 걸음 다가가는 데 도움이 되었으면 하는 바람을 덧붙입니다.

차례

머리말 4

이렇게 활용해 보세요 7

1. 나
"네 목소리로 말해 봐!" 15

2. 관계 속에 있는 나
"100만 번을 다시 태어나도 나는 나" 33

3. 가족
"가족의 탄생!" 53

4. 편견
"차별의 거대한 뿌리, 편견" 75

5. 성 다양성과 성차별
"나다운 게 이상해!?" 97

6. 장애
"누구나 편하고 안전하게 이동할 수 있는 우리 마을" 117

7. 인종차별
　　"얘들아, 음표들이 서로 어울리면 되잖아" 139

8. 전쟁
　　"평화가 간다!" 161

9. 난민
　　"우리의 이웃, 긴 여행자" 181

10. 연대
　　"연대는 힘이 세다!" 201

11. 재난
　　"넌, 감기 걸린 물고기야!" 223

1.
나

"네 목소리로 말해 봐!"

처음 만나는 사람들에게 나를 소개할 때를 떠올려 보자. 보통 이름은 무엇이고 어떤 학교나 직장에 다니고, 어느 지역에 산다고 소개를 한다. 이것은 내가 맺고 있는 사회적 관계의 일부만 소개하는 것에 그친다. 이와는 좀 다른, 내 생각과 느낌이 들어 있는 자기소개를 해 보는 건 어떨까? 예를 들면, 나는 그림책을 좋아한다, 나는 영화를 좋아한다, 나는 노래를 좋아한다 등등 내가 좋아하는 것으로 자기소개를 해 보는 것이다. 좀 더 자세히 어떤 영화를 좋아하고, 그 영화에서 감동받은 대사를 말해도 좋다. 이렇게 소개하면 나를 좀 더 오래 기억에 담아 두지 않을까? 상대방에게 내 존재 그 자체를 좀 더 생생하게 보여 줄 수 있을 테니 말이다. 그런데 이런 소개를 하려면 평소에 나 자신에 대해 좀 더 자세히 들여다보아야 한다. 나는 누구일까? 내 느낌과 생각을 나는 얼마나 잘 알고 있을까? 나는 내 생각과 느낌들에 대해 알아보려고 얼마나 자주 나 자신에게 집중했을까?

아이들도 자신에 대해 깊이 생각해 볼 기회가 많지 않다. 자신을 소개하는 시간으로, 그런 기회를 제공해 볼 수 있을 것이다. 아이들에게 '너의 생각과 느낌으로 너를 소개해 볼래?'라고 요청해 보자. 그리고 이렇게 출발해 보라고 권해 보자.

1. 나 15

"내 생각과 느낌을 알아보려고 할 때 내가 잘하는 것, 좋아하는 것에서부터 시작했으면 해요. 여러분이 그림을 좋아하는 사람이라면 그림 그릴 때 시간 가는 줄 모를 것이고, 그림 이야기를 나눌 때 즐겁고 기쁠 거예요. 그러니까 다른 것에 대해 이야기하는 것보다 그림에 대한 여러분의 생각과 느낌을 말하는 게 더 편하고 쉽다는 것을 알게 될 거예요."

 게다가, 이렇게 나를 소개하는 과정에서 자연스럽게 나타나게 되는 '상대방의 공감, 끄덕임'으로 아이는 더 큰 자신감이 생길지도 모른다. 이런 자신감은 나를 긍정적으로 보게 하는 출발점이다. 좋아하는 것, 잘하는 것으로 내 생각과 느낌을 알아 가는 것은 나를 존중하며 나의 장점으로 나를 알아 가는 쉽고도 좋은 방법이 된다.
 여기서 한 가지 더 생각해 볼 점이 있다. 설령 내가 좋아하는 것들, 잘하는 것들에 대해 잘 알고 있다 하더라도, 타인은 다른 것이 더 낫다거나 필요하다고 말할 수 있다. 그 타인이 부모님이나 선생님인 경우, 내면에서 나오는 나의 요구를 듣기는 점점 어려워진다. 내가 원하는 것보다는 타인의 요구가 더 크게 들리게 되는 것이다. 성장 과정에서 별다른 고민 없이 타인의 요구대로 살다 보면 내가 원하는 것을 찾을 생각조차 하지 못하거나 잃어버리기 쉽고, 결국 나 자신을 잃어버리게 된다.
 반대로 자기 자신만의 생각과 느낌을 갖는 게 중요하다고 일깨워 주고 아이들의 생각과 느낌을 존중해 주는 환경이라면 아이들은 다르게 성장할 것이다. 아이들이 스스로 결정해서 하는 일, 좋아서 하는 일을 할 수 있다면 비록 그 일이 힘들고 어렵더라도 쉽게 포기하지 않으려 할 것이다. 또 누구에게 보여 주기 위한 일이 아니니 그 과정 자체를 즐기며 결과물에는 덜 치중하게 된다. 이런 경험들이 하나둘 쌓여 자신만의 오롯한 삶이 되고 정체성을 만든다. 자신을 존중받으면서 성장한 아이들은 그만큼 상대방의 느낌과 생각, 정체성을 존중하는 것을 당연하고 자연스러운 일로 받아들이기 쉬워진다.

첫 번째 그림책 『짖어봐, 조지야』와 '찰흙으로 내가 좋아하는 것들 만들기' 활동은 다른 사람들이 '넌 이래야 해'라고 틀 지은 내가 아니라, 내 내면에 나조차도 알지 못하는 다양한 나의 목소리와 모습이 있을 수 있다는 사실을 발견하도록 도울 것이다.

두 번째는 그림책 『점』을 함께 읽고 내 생각과 느낌이 존중받았던 경험을 찾아볼 것이다. 나와 상대방의 생각이 다를 때 어떻게 그 다름을 인정하고, 상대방의 느낌이나 생각을 존중하게 만들 수 있는지 다양한 방법들을 찾아보는 활동도 같이 해 볼 것이다. 이 활동들을 통해 나에 대해 아는 것, 나를 긍정하는 것, 나아가 다른 사람들에 대한 이해와 존중으로 이어지고, 이것이 인권의 출발점이 된다는 점을 자연스럽게 알아 가길 바란다.

[관련 인권 문서 및 법률 조항들]

- 유엔 아동권리선언(UN Declaration of the Rights of the Child, 1959) 전문 중 일부

  어린이는 특별한 보호를 받으며, 법률 및 기타의 방법을 통해서, 그가 건전하고 정상적인 방식과 자유롭고 품위 있는 상태에서 육체적, 정신적, 도덕적, 종교적 그리고 사회적으로 발전할 기회와 편의가 제공되어야 한다. 이 목적을 위한 법률의 제정에서는 어린이의 최상의 이익이 중요한 고려 사항이어야 한다.

• 유엔 아동권리협약(UN Convention on the Rights of the Child, 1989)

　제12조 당사국은 자신의 견해를 형성할 능력이 있는 아동에 대하여 본인에게 영향을 미치는 모든 문제에 있어서 자신의 견해를 자유스럽게 표시할 권리를 보장하며, 아동의 견해에 대하여는 아동의 연령과 성숙 정도에 따라 정당한 비중이 부여되어야 한다.

이렇게 진행해 보세요

❏ **중심 활동**
- '나는 누구일까?' 다섯고개 놀이
- 그림책 『짖어봐, 조지야』 함께 읽기
- '내가 좋아하는 것들' 찰흙 만들기
- 그림책 『점』 함께 읽기

❏ **우리가 고른 그림책**

- 『짖어봐 조지야』, 줄스 파이퍼 글·그림, 보림

강아지 조지는 멍멍이라 짖지 않는다. 조지는 야옹, 꽥꽥, 꿀꿀, 음매 소리를 낸다. 조지의 엄마는 조지가 아픈 줄 알고 병원에 데려간다. '강아지는 멍멍 짖는다' 이것이 우리의 정답이다. 다르다고 보는 것이 아니라 잘못되었다고 보는 것이다. 조지가 가지고 있는 고유성과 정체성이 우리 상식과 다를 때 어떻게 해야 하는지를 생각하게 하는 그림책이다. 상대방이 나와 다를 때 그를 그 자체로 인정하며 바라보기보다는 바꾸려 한다. 어떤 아이의 정체성이 사회가 인정하는 가치와 대립하거나 전통을 무시하는 것이라면 아이도 자신의 정체성 때문에 혼란과 어려움을 겪는다. 자신이 마음 깊은 곳에서 원하는 것을 말하지 못하고, 인정받지 못할 때 자신이 하고 싶은 것을 묻어 두고 다른 사람이 원하는 대로 사는 것이다. 내 마음 깊은 곳에 있는 내가 원하는 것이 무엇인지 생각하게 하는 그림책이다.

- 『점』, 피터 레이놀즈 글·그림, 문학동네어린이

선생님은 미술 시간에 베티가 찍은 점을 액자에 넣어 걸어 놓으셨다. 베티는 생각하지 못한 결과였다. 이제 베티는 점 정도는 잘 찍을 수 있다며 계속해서 점을 찍는다. 자신도 몰랐던 잠재력을 키운다. 베티는 점을 주제로 전시회를 연다. 베티는 선생님이 그랬던 것처럼, 전시회에 온 동생의 그림을 존중해 준다. 동생의 잠재력을 키워 주고 싶었을 것이다. 다른 사람의 인정과 격려로 자신의 능력을 발견한 그림책이다. 자신이 잘하는 것, 좋아하는 것을 갈고닦다 보면 자신만의 정체성이 만들어지기도 한다. 이 정체성이 개인의 고유성, 장점이 되어 다른 사람과 소통하고 사회와 소통하길 바란다.

❏ 준비물
- 찰흙, 전지, 물티슈, 필기도구, 그림책 『짖어봐, 조지야』, 『점』

❏ 활동 길라잡이

- '나는 누구일까?' 다섯고개 놀이하기
  - 내가 좋아하는 것, 잘하는 것을 다섯 가지 적는다.
  - 적은 내용을 읽을 방법을 정한다. (예를 들면 한 사람이 모두 읽어 주든지, 무작위로 선택하여 모두가 읽어 준다 등)
  - 한 줄씩 읽어 가며 누구인지 맞혀 본다.

> **tip**
> 만약 아무것도 적지 못하는 아이가 있으면, 적절한 때(맞히기 활동이 끝날 무렵 등) 친구들이 생각한 것을 대신 말해 보도록 제안할 수도 있다.

- 치마 입는 것을 좋아한다
- 영화를 좋아한다.
- 운동을 좋아한다
- 가족과 함께 있는 것을 좋아한다
- 그림책 보는 것을 좋아한다

1. 그림을 잘 그림
2. 유튜브 보는게 취미
3. 운동을 좋아한다
4. 남자성을 좋아한다
5. 노래를 항상 듣는다.

- 나는 다꾸를 좋아한다
- 나는 핸드폰 하는 것을 좋아한다
- 나는 그림그리는 것을 좋아한다
- TV 보는 것도 좋아한다

좋아하는 것은 음악듣기, 밤하늘 보기 입니다.
좋아하는 과목은 국어, 사회 입니다.
취미는 만들기 입니다.
잘하는 것은 글쓰기와 꾸미기 입니다.
좋아하는 활동은 체조와 요가 입니다.

- 그림책 『짖어봐, 조지야』 함께 읽고 이야기 나누기

아래 질문들 등을 이용해 책에 대한 이야기를 나누어 본다.
- 그림책을 읽고 가장 기억에 남는 장면은 무엇인가요?
- 엄마는 왜 의사 선생님에게 조지를 데려갔을까요?
- 의사 선생님은 어떻게 치료할 수 있었을까요?
- 조지 안에서 나온 동물과 조지는 어떤 관계가 있을까요?

- 조지는 사람들을 보며 왜 "안녕"이라고 했을까요?
- 조지처럼 나의 이야기를 제대로 들어주지 않은 경우가 있나요?
- 내 생각과 다른 생각을 강요할 때 나의 기분은 어땠나요?

- **'내가 좋아하는 것들' 찰흙 만들기**
- 말랑말랑한 찰흙을 만지며 내가 좋아하는 것을 만들어 본다.
- 나의 얼굴이나, 손, 발, 생각, 느낌을 만들어 본다.
- 또는 나와 닮은 사람이나 동물을 만들어 본다.
- 자신의 이름을 적고 작품명을 지어 본다.

tip
너무 세밀하게 만들다가 시간이 길어지지 않도록 주의한다. 이 활동 대신, 교실 밖에 나가 나와 닮은 자연물을 찾거나 모아 볼 수도 있다.

• 그림책 『점』 함께 읽고 이야기 나누기

아래 질문들 등을 이용해 책에 대한 이야기를 나누어 본다.
- 책을 보고 가장 좋았던 장면은 무엇인가요?
- 베티는 왜 그림을 그리지 않고 있었을까요?
- 베티가 화가 나서 찍은 점 하나가 다인 그림을 선생님은 어떻게 했나요?
- 베티의 그림을 좋아한 동생이 그림을 어떻게 그리면 되는지 물었을 때, 베티는 어떻게 했나요? 그때 베티 마음은 어땠을까요?
- 베티와 비슷한 일을 경험한 적이 있나요?
- 여러분이 아직 발견하지 못했거나 잘하지 못한다고 쉽게 포기한 '재능'에 대해 생각해 봅시다.

❏ 정리하기
• 자신의 작품을 다른 사람에게 소개하면서 자신이 좋아하고 소중히 여기는 것들에 대해 이야기 나누기
• 다른 친구의 찰흙 작품에 대한 이야기를 들으며 감상하기

❏ 읽기 자료

"당신의 이름은 무엇입니까?"*

   존경하는 UN 사무총장님, UNICEF 총재님, 세계 각국의 정상분들과 귀빈 여러분, 감사합니다. 저는 그룹 방탄소년단의 리더 RM으로도 알려진, 김남준입니다. 오늘 젊은 세대들을 위한 의미 있는 자리에 초대받게 되어 대단히 영광입니다.
   작년 11월 방탄소년단은 "진정한 사랑은 나 자신을 사랑하는 것에서 시작한다"는 믿음을 바탕으로 LOVE MYSELF 캠페인을 유니세프와 함께 시작했습니다. 전 세계 어린이와 청소년들을 폭력으로부터 보호하는 #ENDviolence 프로그램도 유니세프와 함께해 오고 있습니다. 우리 팬들은 행동과 열정으로 우리와 캠페인에 함께해 주고 계십니다. 진심으로 세상에서 가장 멋진 팬들이십니다! 저는 오늘 저에 대한 이야기로 시작하려 합니다. 저는 대한민국 서울 근교에 위치한 일산이라는 도시에서 태어났습니다. 그곳은 호수와 산이 있고, 해마다 꽃 축제가 열리는 아름다운 곳입니다. 그곳에서 행복한 어린 시절을 보냈고, 저는 그저 평범한 소년이었습니다. 두근거리는 가슴을 안고 밤하늘을 올려다보고, 소년의 꿈을 꾸기도 했습니다. 세상을 구할 수 있는 영웅이 되는 상상을 하곤 했습니다.
   저희 초기 앨범 인트로 중 "아홉, 열 살쯤 내 심장은 멈췄다"라는 가사가 있습니다. 돌이켜 보면, 그때쯤이 처음으로 다른 사

---

* 방탄소년단이 유니세프 청년 의제 '제너레이션 언리미티드(Generation unlimited)' 행사에서 한 연설.

람의 시선을 의식하고, 다른 사람의 시선으로 나를 보게 된 때가 아닌가 싶습니다. 그때 이후 저는 점차 밤하늘과 별들을 올려다 보지도 않게 됐고, 쓸데없는 상상을 하지도 않게 되었습니다. 그 보다는 누군가가 만들어 놓은 틀에 저를 끼워 맞추는 데 급급했습니다. 얼마 지나지 않아 내 목소리를 잃어버리고, 다른 사람의 목소리를 듣기 시작했습니다. 아무도 내 이름을 불러주지 않았고, 저 스스로도 그랬습니다. 심장은 멈췄고 시선은 닫혔습니다. 그렇게 저는, 우리는 이름을 잃어버렸고 유령이 되었습니다.

하지만 제게는 하나의 안식처가 있었습니다. 바로 음악이었습니다. 제 안의 작은 목소리가 들렸습니다. "깨어나, 남준. 너 자신한테 귀를 기울여!" 그러나 음악이 제 진짜 이름을 부르는 것을 듣는 데까지는 오랜 시간이 걸렸습니다. 막상 방탄소년단에 합류하기로 결심한 이후에도 많은 난관이 있었습니다. 못 믿는 분들도 계시겠지만, 대다수의 사람들은 우리가 희망이 없다고 생각했습니다. 때때로 그저 포기하고 싶었습니다.

하지만 제가 모든 것을 포기하지 않은 것은 정말 행운이라고 생각합니다. 저는, 그리고 우리는, 앞으로도 이렇게 넘어지고 휘청거릴 겁니다. 방탄소년단은 지금 대규모 스타디움에서 공연을 하고 수백만 장의 앨범을 파는 아티스트가 되었지만, 여전히 저는 스물네 살의 평범한 청년입니다. 제가 성취한 것이 있다면, 이는 바로 곁에 멤버들이 있어 주었고, 그리고 전 세계 ARMY 분들이 저희를 위해 사랑과 성원을 보내 주었기에 가능했던 것입니다.

어제 실수했더라도 어제의 나도 나이고, 오늘의 부족하고 실수하는 나도 나입니다. 내일의 좀 더 현명해질 수 있는 나도 나일 것입니다. 이런 내 실수와 잘못들 모두 나이며, 내 삶의 별자리의 가장 밝은 별무리입니다. 저는 오늘의 나이든, 어제의 나이든, 앞으로 되고 싶은 나이든, 제 자신을 사랑하게 되었습니다.

마지막으로 한 가지만 더 말씀드리고 싶습니다. LOVE YOURSELF 앨범을 발매하고, LOVE MYSELF 캠페인을 시작한 후 우리는 전 세계 팬들로부터 믿지 못할 이야기들을 들었습니다. 우리의 메시지가 그들이 삶의 어려움을 극복하고 그들 자신을 사랑하게 되는 데 어떤 도움이 되었는지를요. 그런 이야기들은 우리의 책임감을 계속해서 상기시킵니다.

그러니 우리 모두 한 발 더 나아가 봅시다. 우리는 우리 자신을 사랑하는 법을 배웠습니다. 그리고 이제 저는 여러분께 "여러분 자신에 대해 말해 보세요"라고 말씀드리고 싶습니다.

저는 여러분 모두에게 묻고 싶습니다. 여러분의 이름은 무엇입니까? 무엇이 여러분을 심장을 뛰게 만듭니까? 여러분의 이야기를 들려주세요. 여러분의 목소리를 듣고 싶습니다. 그리고 여러분의 신념을 듣고 싶습니다. 여러분이 누구이든, 어느 나라 출신이든, 피부색이 어떻든, 성 정체성이 어떻든, 여러분 자신에 대해 이야기해 주세요. 여러분 자신에 대해 말하면서 여러분의 이름과 목소리를 찾으세요.

저는, 김남준이며, 방탄소년단의 RM이기도 합니다. 아이돌이자 한국의 작은 마을 출신의 아티스트입니다. 다른 많은 사람들처럼, 많은 흠이 있고, 그보다 더 많은 두려움이 있습니다. 그래도 이제는 저 자신을 온 힘을 다해 끌어안고 천천히, 그저 조금씩 사랑하려 합니다. 당신의 이름은 무엇입니까? 여러분 자신에 대해 이야기해 주세요. 정말 감사합니다.

출처: 전자신문(2018. 9. 25).

❑ 함께 보면 좋은 그림책들

요술 더듬이
김기린 글·그림, 파란자전거

뒤죽박죽 카멜레온
에릭 칼 글·그림, 더큰

슈퍼 거북
유설화 글·그림, 책읽는곰

난 나를 믿어!
로리 라이트 글, 안나 산토스 그림, 갈락시아스

세상에 하나뿐인 특별한 나
모리 에도 글, 스기야마 가나요 그림, 주니어김영사

나랑 나
고미 타로 글·그림, 키즈엠

나는 나야!
마리 루이스 피츠패트릭 글·그림, 내인생의책

서서 걷는 악어 우뚝이
레오 리오니 글·그림, 마루벌

프레드릭
레오 리오니 글·그림, 시공주니어

❏ 함께 읽으면 좋은 책들

당신이 옳다
정혜신 지음, 해냄

몰입, 미치도록
행복한 나를 만나다
미하이 칙센트미하이 지음, 한울림

행복의 중심 휴식
울리히 슈나벨 지음, 걷는나무

나는 불안과 함께 살아간다
스콧 스토셀 지음, 반비

사람을 옹호하라
류은숙 지음, 코난북스

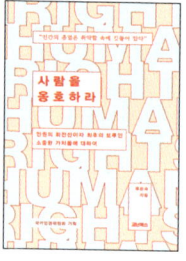

모멸감
김찬호 지음, 문학과지성사

❑ 영화 및 영상 자료

뷰티 인사이드
2015, 한국

인사이드 아웃
2015, 미국

아이 필 프리티
2018, 미국

포레스트 검프
1994, 미국

문라이트
2017, 미국

모아나
2015, 미국

• [나는 누구인가?] 자신의 주인으로 산다는 것 최진석, 플라톤아카데미TV

2.

관계 속에 있는 나

"100만 번을 다시 태어나도 나는 나"

"어른들은 '친구들과 싸우지 말고 사이좋게 지내'라고 쉽게 말한다. 친구 같지 않은 녀석이 이유 없이 나를 괴롭혀도 싸우지 말아야 한다는 건가? 게다가 사이좋게 지내기까지 해야 한다니 말이다. 어른들은 이게 가능한가 보지?"

한 아이의 이런 푸념에 헛웃음이 나올 수도 있지만, 당사자의 입장에서는 매우 복잡하고 어려운 문제다. 단짝 친구나 가족, 친척에서부터 동네와 학교, 종교단체, 도시와 국가, 지구 공동체까지, 게다가 법-제도, 생태계 전체에 이르기까지 우리를 둘러싸고 있는 정말 다양한 관계들이 존재한다. 이 관계들은 상황에 따라 서로 다른 강도와 무게감으로 우리 앞으로 다가온다. 어떤 때에는 우리에게 소속감과 안정감, 삶의 방향과 가치들을 제공하기도 하지만, 크고 작은 불안과 좌절, 분노와 절망, 소외를 만들어 내고 극단적으로는 삶의 끈을 놓아 버리게도 만든다.

문제집이 가득한 여행용 가방을 끌며 밤 10시까지 학원을 전전하는 초등학생과 "이게 다 너를 위해서야"라고 말하는 부모의 관계, "너무 사랑하기 때문에 그렇게 했다"라며 데이트 폭력을 가하고 이를 수차례나 참고 있는 연인의 관계, 친구들의 눈 밖에 나지 않기 위해 싫어도 내색하지 못하는 아이, "해고는 살인이다"라고 외치는 노동자들과 이들의 절규를 외면하는 기업과 사회, 조국을 위해 목숨을 바쳤지만 평생을 가난에 허덕이며 살아야 했던 독립운동가 가족들과 국가의 관계. 이런 관계들과 어떻게 마주해야 할까? 이런 관계들을 어떤 관점에서 바라보고 해석해야 할까?

우리는 이 관계들의 문제를 인권의 가장 중요한 지향점이자 전제가 되는 '인간의 자기결정권self-determination과 존엄성human-dignity'이라는 관점에서 보고자 한다. 인권의 이상향은 인간이 존재 자체만으로도 존중받고 자신의 삶을 스스로 결정하며 살아갈 수 있는 공동체를 만드는 것이다. 그런데 이 이상향은 늘 '관계'의 문제와 따로 놓고 생각할 수가 없다. 외딴섬에 나 홀로 살고 있는 사람에게는 내가 무엇을 결정하건 타인이 주는 영향이나 타인에게 미칠 영향 등은 아무런 문제가 되지 않는다. 그러나 한 명 이상의 타인이 내 옆에 있는 순간, 내 삶은 사소한 것부터 '관계라는 문제'에 의해 영향을 주고받게 된다. 이 관계가 내 삶의 가치를 부정하고 내 의지로 아무것도 결정할 수 없게 만든다면 그 관계는 인권의 이상향에서 가장 멀리 있게 될 것이고, 반면 자기 삶을 스스로 결정해 나가고 그 결정들이 자신과 타인의 존엄성을 존중하는 방향으로 긍정적인 영향을 미친다면 그 관계는 인권의 이상향에 가까워질 것이다.

'내가 맺고 있는 관계들이 그 관계를 둘러싼 사람들의 인권을 증진시키고 있는가 아니면 인권을 침해하고 있는가?'

이 질문과 같이 인권은 성장하면서 경험하게 되는 사람과 사람 사이, 사람과 제도 사이, 사람과 생태계 사이에서 생겨나는 여러 관계에서 비롯되는 문제들을 어떻게 마주해야 하는지를, 아이들에게 알려줄 수 있는 일종의 나침반과 같은 역할을 할 수 있다.

그래서 '인권과 관계'의 문제를 하나의 독립된 주제로 떼어서 좀 더 깊이 다루어 보려고 했다. 자기결정권이란 무엇이고, 인간의 존엄성 그리고 자기정체성과는 어떤 관련이 있으며, 이와 같은 것들이 훼손되지 않고 존중되는 관계란 무엇인지 쉽고 직관적으로 탐색해 보는 과정은 이후 인권의 다른 주제를 다룰 때도 밑거름을 제공할 것이다.

이 과정에서 그림책 『100만 번 산 고양이』는 좋은 길잡이가 될 것이다. 아이들과 이 그림책을 함께 읽고 고양이가 진짜 바라는 자기 자신의 모습은 어떤 것이며, 그 모습을 찾아가는 과정에서 주변 등장인물들과 고양이가 맺고 있는 관계들은 또 어떤 특징들을 지니고 있을까도 살펴보면 좋을 것이다. 특히, 죽지 않고 100만 번이나 살았고 그렇게 살 수 있는 고양이가 죽음을 각오하면서 선택한 삶이 그 이전의 삶과 어떤 차이가 있는지 살펴본다면 아이들은 자기 삶의 주인으로서 산다는 것이 어떤 의미인지 생각해 볼 수 있을 것이다.

다음으로 바람직한 관계를 만들고 유지하기 위해서 필요한 것들을 찾아보는 활동 두 가지를 담았다.

그중 하나인 '길 따라 삼천리'는 모둠에서 한 명(여행자)이 눈을 감고(안대를 하고) 다른 모둠원들(안내자)의 도움을 받아 목적지까지 가 보는 활동이다. 활동 후에 여행자와 안내자가 목적지에 도착하려면 서로를 어떻게 대해야 하는지 이야기를 나누며 바람직한 관계에 필요한 요소들을 탐색해 볼 수 있다.

'나에게 소중한 친구가 있다면'에서는 아이들이 경험한 좋은 관계에 대해 이야기를 나누면서 자연스럽게 좋은 관계의 다양한 형태, 그 관계가 주는 긍정적인 효과들, 그런 관계들을 만드는 데 필요한 노력에 대해 생각해 볼 수 있도록 했다.

그림책 『큰 늑대 작은 늑대』는 이 두 활동을 시작하기 전에 함께 읽어도 좋고 활동이 다 끝나고 마무리로 같이 봐도 좋겠다.

[관련 인권 문서 및 법률 조항들]

• 세계인권선언(Universal Declaration of Human Rights, 1948)

제1조 모든 사람은 태어날 때부터 자유로우며 그 존엄과 권리에 있어 동등하다. 인간은 천부적으로 이성과 양심을 부여받았으며 서로 형제애의 정신으로 행동하여야 한다.

• 대한민국 헌법(1987)

제10조 모든 국민은 인간으로서의 존엄과 가치를 가지며 행복을 추구할 권리를 가진다. 국가는 불가침의 기본적 인권을 확인하고 이를 보장할 의무를 진다.

이렇게 진행해 보세요

❏ **중심 활동**
- 그림책 『100만 번 산 고양이』 함께 읽기
- '길 따라 삼천리' 활동하기
- 그림책 『큰 늑대 작은 늑대』 함께 읽기와 '나에게 소중한 친구가 있다면' 활동하기

❏ **우리가 고른 그림책**

- 『100만 번 산 고양이』, 사노 요코 글·그림, 비룡소

"백만 명의 사람이 그 고양이를 귀여워했고 백만 명의 사람이 그 고양이가 죽었을 때 울었습니다. 고양이는 단 한 번도 울지 않았습니다. (중략) 한때 고양이는 누구의 고양이도 아니었습니다. 도둑고양이였던 것이죠. 고양이는 처음으로 자기만의 고양이가 되었습니다. 고양이는 자기를 무척 좋아했습니다."

누구의 고양이로 살 때와 자기만의 고양이로 살 때는 어떤 차이가 있을까? 고양이는 100만 번 죽었을 때도 울지 않았지만 자기만의 고양이로 살 때는 목 놓아 울 줄도 안다. 누구누구의 엄마, 누구누구의 아들, 누구누구의 누구가 아닌 '나'의 '나'일 때에야 비로소 그 삶이 내 삶이 된다는 것을 이 그림책처럼 멋지게 표현한 작품이 또 있을까? 이 책의 또 하나의 매력은 반복되는 형식에서 오는 리듬감이 조

금 긴 글인데도 소리 내어 읽어 나가는 데 힘이 들지 않게 만들어 주는 점이다.

• 『큰 늑대 작은 늑대』, 나딘 브룅코슴 글, 올리비에 탈레크 그림, 시공주니어

어느 날 불쑥 자신의 영역으로 들어온 작은 늑대 한 마리. 큰 늑대는 안절부절 못한다. 자신보다 힘이 셀까 봐 걱정하다가도 말없이 나뭇잎 이불을 만들어 주는 큰 늑대. 산책을 하고 돌아온 어느 날 작은 늑대가 사라졌다. 함께한 시간이 그리 길지 않았지만 큰 늑대는 작은 늑대를 걱정하기 시작하고 계절이 몇 차례 변하는 동안에도 작은 늑대를 기다린다. 어느새 작은 늑대는 큰 늑대에게 커다란 존재가 되어 버렸다. 누군가와 새로운 관계를 맺는 것은 이처럼 쉬운 일이 아니다. 긴장하고 경계하고 마음을 주었다가도 이내 실망하고 기다리고 망설인다. 이 그림책은 아이들과 관계 맺기의 과정과 그 과정에서 생기는 여러 감정들을 강렬한 색감으로 잘 표현해 내고, 아이들이 쉽게 자신의 감정을 대입해 볼 수 있는 몰입감을 제공하는 좋은 그림책이다.

❏ 준비물
  • A3용지(또는 도화지), 색연필(또는 사인펜), 포스트잇, 털실, 『큰 늑대 작은 늑대』 마지막 장면 그림 출력물

❏ 활동 길라잡이

- 그림책 『100만 번 산 고양이』 함께 읽기(활동 시간: 20분)
  - 고양이가 다시 태어날 때마다 새로 만나는 주인은 고양이를 어떻게 대했나요?
  - 고양이가 누구의 고양이도 아닌 도둑고양이로 태어났을 때 고양이는 자신에 대해 어떻게 생각했나요?
  - 흰 고양이는 100만 번 산 고양이를 어떻게 대했나요?
  - 고양이가 마지막에 더 이상 울지 않았을 때 어떤 일이 일어났나요?
  - 고양이의 진짜 주인은 누구인가요?

> *tip*
> 주인들은 고양이를 위한다고 하지만 고양이의 입장을 고려하지 않은 점에 대해 이야기를 나눈다. 고양이가 자기를 무척 좋아하게 되었을 때는 다른 누구도 아닌 자기 자신이 자신의 주인으로 태어났을 때라는 점을 찾을 수 있도록 도와준다. 이런 과정을 거치면서 자연스럽게 '자기결정권'과 자기결정권을 서로 존중해 주는 관계에 대해 생각해 볼 수 있게 탐구적 질문을 해 나가는 것이 중요하다.

- '길 따라 삼천리' 활동하기(활동 시간: 25분)
  - 세 사람이 짝이 되어 길을 따라 여행하는 상상을 해 본다.
  - 두 사람은 길 안내자가 되고 다른 한 사람은 여행자가 된다.
  - A3 용지에 세 사람이 상의해서 길을 그린다. 너무 단순하지 않게 그린다.
  - 여행길이 그려졌으면 여행자는 눈을 감고(안대를 쓴다) 안내자들의 안내에 따라 그려진 여행길 위에 최대한 겹치도록 길을 그리면서 도착점까지 간다.

※ 인원은 상황에 따라 4명, 3명, 2명으로 구성해도 된다. 또, 여행자는 원래 길 색과는 다른 색깔의 펜으로 여행길을 그리면 나중에 더 구분하기 편하다.
- 눈을 감고 길을 따라 그리기 위해서는 여행자와 안내자가 어떻게 해야 하는지, 또 무엇을 배려해야 하는지 서로의 입장에서 이야기를 나누어 본다.

- '나에게 소중한 친구가 있다면'(활동 시간: 25분)
- 진행자가 다음 질문 목록에서 질문을 하나 고르고 그 질문에 대해 자기 경험을 이야기하면서 시작한다.
- 이야기가 끝나면 질문을 골라 다음 사람에게 털실을 넘기며 질문하고, 털실을 넘겨받은 사람은 질문에 대해 답을 한다(진행자가 처음 털실을 넘길 때 털실 끝을 잡고 있고 다음 사람도 그다음 사람에게 털실을 넘길 때 털실을 잡은 채로 넘긴다).
- 같은 방법으로 마지막 사람까지 진행한다.
  ※ 질문 목록은 제비뽑기로 하거나 전지(또는 PPT)에 목록을 적어 놓고 그중에 하나를 골라도 좋다. 각자 털실을 놓치지 않도록 주의를 기울인다.

[질문 목록 예시]

- 알고 지내던 사람(가족이나 친척, 친구, 선생님, 주변 사람 등)과 함께한 좋은 경험이 있나요?
- 알고 지내던 사람과 관련해서 힘들었던 경험이 있었나요?
- 최근에 새로 사귀게 된 친구가 있다면, 그 친구와 어떻게 만나게 되었나요?
- 학교나 집 등에 혼자 남겨진 적이 있을 때, 어떤 느낌이 들었나요?
- 나에게 소중한 친구가 있다면, 그 친구와 어떻게 친구가 되었고 무엇이 좋았나요?
- 나는 어떤 친구가 되고 싶은가요?
- 다른 사람에게 어떤 사람으로 기억되기를 바라나요?

- 그림책 『큰 늑대 작은 늑대』 함께 읽기 (활동 시간: 20분)
  - 큰 늑대와 작은 늑대가 서로에게 바란 점은 무엇이었을까요?
  - 마지막 장면에서 큰 늑대와 작은 늑대가 말한 "네가 없으니까 쓸쓸해"와 "나도 쓸쓸해"를 지운 그림*을 나누어 주고 나라면 이때 어떤 말을 했을까 내 마음이 잘 드러나도록 말을 적어 본다.
  - 각자 적은 말들을 나누고, 좋은 관계를 만들고 지속하려면 무엇이 필요한지 다시 한번 확인하면서 활동을 마무리한다.

---

* 활동 자료.

❏ 활동 자료

• 『큰 늑대 작은 늑대』 나라면 이렇게 말했을 거야

내가 큰 늑대라면

내가 작은 늑대라면

❏ 읽기 자료

자기결정권과 맞닿아 있는 인권의 문제들

자기결정권은 비교적 최근에 등장한 개념이다. 19세기 프랑스 정치철학자 토크빌(Alexis de Tocqueville, 1805~1859)이 자신이 생각한 대로 자신의 운명을 결정할 권리라는 점을 언급한 이래로, 근대 인권 개념의 발달과 함께 인간의 존엄성을 가늠하는 하나의 잣대가 되어 왔다. 어찌 보면 인류 문명사는 이 자기결정권이 확대되는 방향으로 발전해 왔다고 해도 큰 이견이 없을 것이다. 일부 특권층만 자기결정권을 실현할 수 있었던 계급사회에 비해 오늘날은 최소한 형식적(법-제도적 측면)으로는 누구나 다 자기결정권을 보장받게 되었다. 하지만 자기결정권이 구체적으로 무엇을 뜻하는지, 또 자기결정권을 정당화Justification하려면 여러 측면에서(철학적, 사회-정치적, 문화적인 측면 등) 어떤 논거들을 검토해야 하는지, 그 과정에서 발생하는 다양한 쟁점들은 무엇인지 살펴보아야 한다. 이런 논의들은 여전히 현재 진행형이다.

자기결정권에 대한 가장 일반적인 접근은 국가나 다른 사람의 간섭을 받지 않아도 되는 사적인 영역에 대한 권리를 인정하는 것이다. 자기결정권을 사적인 것에 대한 권리The Right to Privacy로 번역하기도 하는 이유인데, 여기에는 일반적으로 신체, 표현, 개인정보, 감정과 생각(사유, 사상 등), 비밀, 가정(가족), 사유재산 등과 같은 영역들이 포함된다. 적어도 이런 것들은 국가나 타인들로부터 간섭당하거나 침해당하지 않도록 보호받아야 하는 인간의 고유한 권리, 인권의 주요 항목들이라는 것이다. 우리나라 헌법

또한 제10조와 제17조를 통해 자기결정권을 보장하는 주요한 근거를 마련하고 있다.*

자기결정권이란 얼핏 보면 너무 당연한 말처럼 보이지만, 여기에는 다양한 쟁점들이 있다. 성적 자기결정권과 관련된 문제만 보더라도 만만치 않다. 개인의 성적인 지향과 정체성과 관련된 문제들은 여전히 우리 사회에서는 뜨거운 감자다. 성소수자Sexual minority, 레즈비언Lesbian, 게이Gay, 양성애자Bisexual, 트랜스젠더 Transgender, 무성애자Asexual 등에 대한 편견과 차별의 문제, 성폭력, 데이트 폭력, 성희롱, 장애인의 성적 자기결정권의 문제 등은 개인이 성적 가치관을 형성할 권리, 성적 수치심과 성적 행위를 강요받지 않을 권리와 직간접적으로 관련되어 있다.

또한 자신의 몸과 생명에 직접적으로 관련된 자기결정권의 문제들, 내 몸인데 내가 마음대로 못 하나라고 할 수도 있지만, 연명치료나 안락사, 자살과 자해, 피임과 낙태, 장기매매, 성매매 등의 문제를 만나면 무엇 하나 쉽지 않다. 낙태 문제만 하더라도 오랜 법적 공방을 거쳐 2019년에야 낙태죄에 대한 위헌 판결이 내려졌지만, 이 판결과는 무관하게 태아의 생명권과 여성의 몸에 대한 자기결정권을 둘러싼 논쟁은 종교계를 중심으로 여전하다. 결혼과 이혼, 출산과 양육 등과 관련해서도 다양한 쟁점들이 존재한다. 동성 결혼은 아직도 우리 사회에서는 받아들여지지 않고 있다. 자식에 대한 체벌 문제**, 남아 선호 출산, 아이의 이름을 정

---

* 헌법 10조 모든 국민은 인간으로서의 존엄과 가치를 가지며, 행복을 추구할 권리를 가진다. 국가는 개인이 가지는 불가침의 기본적 인권을 확인하고 이를 보장할 의무를 진다. 헌법 17조 모든 국민은 사생활의 비밀과 자유를 침해받지 아니한다.
** 2020년 민법에서 자녀를 보호하고 교양하기 위해 징계할 수 있다는 조항(민법 915조)이 삭제되면서 사실상 부모 자식 간에도 사랑의 매라는 이름으로 정당화되었던 가정폭력이 더이상 법적으로는 인정받지 못하게 되었다.

할 때 부계의 성姓을 따르는 문제, 호주제도 법적으로는 폐지되었지만 일상에서는 여전히 그 영향이 적지 않다.

자기결정권과 관련해서 또 하나 중요하게 생각해 보아야 할 문제는 어린이, 청소년의 자기결정권이다. 머리 모양, 화장, 옷차림에서부터 진학, 연애, 성적 자기결정권, 참정권에 이르기까지 크고 작은 쟁점들이 있다. 성인에게는 이런 쟁점들이 문제가 되지 않는다. 단지 나이가 어리기 때문에 생겨나는 문제들이다. 우리는 여기서 성숙과 미성숙, 책임의 문제들과 마주하게 된다. 이 문제를 바라보는 다양한 관점들이 있겠지만 어린이와 청소년은 성장 과정에 있으므로 미성숙을 이유로 자기결정권을 제한하기보다는 오히려 실패를 두려워하지 않고 더 많은 자기결정의 경험을 할 수 있도록 배려해야 한다. 잘못된 결정, 그 실패의 경험들이 쌓여야만 더 중요한 문제들에 대해 현명한 결정을 할 수 있는 것이다. 지금을 위해서도 미래를 위해서도 말이다. 머리 모양, 화장, 옷차림조차 자기 스스로 결정할 수 없도록 커 온 아이들이 무엇인들 제대로 결정하며 자기 운명을 개척할 수 있겠는가.

마지막으로 살펴볼 것은 민주주의와 자기결정권의 문제다. 현대 민주적 정치체제의 가장 큰 특징 중 하나는 모든 개인이 평등한 선거권과 투표권을 행사하는 것이다. 이를 보장하는 가장 큰 이유는 자신들의 삶을 좌지우지할 수 있는 법률 제정, 대표자 선출 등 중요한 정치적 결정들에 대해서 자기결정권을 부여함으로써 '자신의 삶을 누구에게 맡기는 노예의 삶에서 벗어나 자기 삶의 주인은 자기 자신'이라는 인간의 가장 기본적 존엄성을 지키고 존중하기 위해서다. 이러한 자기결정권의 존중은 민주주의의 필요조건이 된다. 공동체의 주요한 의사결정 과정에서 무엇인가 말하려고 할 때, 고문과 사형, 감금의 공포 때문에 자신의 생각과 사상을 자유롭게 결정하지 못하고 주저하게 만드는 사회라면 우리는 그런 사회를 민주주의가 성숙되었다고 표현하지 않는다. 또 해고, 징계 등의 위협 때문에 내부 비리와 부패에 대해 말하지 못하고 눈감을 수밖에 없는 조직에 대해서도 민주적이라고 말하지 않는다. 이렇듯 사회 전반, 조직 전반에서 자기결정권이 합리적인 이유 없이 부정되고 제한될 때 민주주의는 그 자체로 위협을 받게 된다.

북유럽의 나라 핀란드에 탐페레Tampere라는 도시가 있다. 탐페레시에는 어린이 국회가 있다. 각 학교 대표들 중 선거를 통해 선출된 어린이 국회 대표는 운영위원회, 문화위원회, 여가위원회를 구성하고 2년 동안 일을 한다. 탐페레시는 어린이 국회가 여러 가지 문제들에 대해 의견을 내주기를 요청하고, 이런 문제들을 해결하는 방법을 계획하고 준비하는 단계부터 어린이 국회 대표들이 참여하도록 보장하고 있다. 시 당국자들을 직접 만나서 이야기하거나 글로 써서 의견을 제출하는데, 학교의 환기 상태, 컴퓨터 사용 가능성, 열쇠 달린 사물함, 스케이트보드 경사로, 해변의 쓰레기통 늘리기 등 다양한 문제들을 다룬다. 탐페레의 모든 시민들은 자신들의 학교나 주거 지역 그리고 시와 관련된 일에서 어떤 역할을 맡는 것이 중요한 일이라고 생각하기 때문에 어린이와 청소년이 자신의 생활과 관련된 문제에 적극적으로 참여해야 한다고 생각한다.* 우리는 더욱 성숙한 민주주의를 구현하기 위한 노력은 성장기부터 경험하고 교육해야 한다는 점을 잘 알고 있다.

---

* 한국교육연구네트워크 총서기획팀, 『핀란드 교육혁명』, 살림터, 102~107쪽에서 발췌.

모의 훈련으로서 민주주의를 경험하는 것이 아니라, 이렇듯 삶의 과정으로 민주주의를 경험할 수 있도록 더 많은 노력이 필요하다.

❏ 함께 보면 좋은 그림책들

나는 나답게 너는 너답게
마띠유 드 로비에 외 글,
까뜨린느 프로또 그림, 푸른숲

줄리의 그림자
크리스티앙 브뤼엘 글,
안 보즐렉 그림, 이마주

곰씨의 의자
노인경 글·그림, 문학동네

난 네가 부러워
김영민 글·그림, 뜨인돌어린이

손님이 찾아왔어요
소냐 보가예바 글·그림, 시공주니어

이 선이 필요할까?
차재혁 글, 최은영 그림, 노란상상

❏ 함께 읽으면 좋은 책들

돌 씹어 먹는 아이
송미경 지음, 문학동네

내 이름은 삐삐 롱스타킹
아스트리드 린드그렌 지음,
시공주니어

불편한 이웃
유승희 지음, 책읽는곰

❏ 영화 및 영상 자료

우리집
2019, 한국

최악의 하루
2016, 한국

• 다큐프라임 〈나를 찾아라 [1부 관계와 상처]〉, EBS, 2016

3.

가족

"가족의 탄생!"

가족이란 어떤 존재인가? 스테판 클레르제, 소피 보르데의 책 『가족이란 뭘까?』에서 아이들은 가족을 다음과 같이 표현하고 있다.

- 고민이 있을 때 도와주는 가까운 사람이에요. **시몽, 9살**
- 서로를 사랑하며 함께 시간을 보내는 사람들이에요. **레미, 9살**
- 아주 많이 사랑하면서 동시에 잃어버릴까 봐 두려운 사람이에요. **카밀, 9살 반**
- 깊은 우정을 나누는 사이. **크리스토퍼, 10살**
- 우리에게 든든한 버팀목이 되어 주는 아주 멋진 사람들이죠. **록사나, 9살**

가족은 아이들의 생각처럼 힘들고 어려울 때 서로 믿고 의지할 수 있는 버팀목이 될 수 있는 관계이며, 우리 삶을 가장 지배적으로 결정하는 인간관계 중 하나다. 행복한 가족은 구성원 모두에게 긍정적이고 성숙할 수 있는 밑바탕을 만들어 준다. 더불어 가족은 내가 나답게 살 수 있도록 이끌어 주는 가장 소중한 공동체이기도 하다. 가족과 함께 지내면서 다른 사람들과 더불어 살아가는 법도 배울 수 있기 때문이다.

반면 가족 때문에 힘들고 고통스러울 때도 있다. 몇 해 전 방영되었던 KBS2 TV 〈대국민 토크쇼 안녕하세요〉를 보면 가족 간에 생긴 오해와 갈등을 해결하고 싶어 하는 사람들의 여러 사연이 소개된다. 소개된 주인공들의 희망 사항은 가족 중에 한두 사람만 행복한 게 아니라 가족 모두가 행복한 삶을 바라는 마음을 담고 있다. 가족 중 한 사람이라도 불행하면 그 가족은 당연히 행복한 가족이 될 수 없듯이, 가족은 서로 연결되어 있고 가장 밀접한 관계를 맺고 있다.

우리가 생각하는 가족은 어떤 모습일까? 혹시 '바람직한 가족에 대한 선입견' 때문에 생기는 오해나 차별은 없는 것일까? 한 부모 가족, 조손 가족, 재혼 가족, 입양 가족, 노인 가족, 공동체 가족, 공동가정 시설 등과 같은 가족의 구성은 과연 잘못되고 이상한 것일까? 나와는 다른 모습으로 살아가는 가족들을 편견과 차별 없이 그대로 인정하며 사는 것은 불가능할까?

프랑스에서는 1999년 시민 연대계약PACS 제도를 도입하였다. 이 제도는 법률적인 결혼 절차를 거치지 않고도 부부에 버금가는 사회적 보장을 받을 수 있어서 동거의 유연성과 결혼의 보장성을 결합한 가족 구성의 대안으로 각광받고 있다. 이 세상에는 이처럼 다양한 가족의 모습이 존재한다. 사랑하는 사람이 함께 살기 위해서 반드시 결혼을 해야 하는 것은 아니다. 가족은 부모, 형제, 자매 등 누구와 함께 사는 게 중요한 것이 아니라 누구랑 살더라도 서로를 사랑하는 마음과 있는 모습 그대로를 인정하며 사는 것이 중요하다.

그림책 『따로따로 행복하게』와 『삐약이 엄마』를 통해 우리가 놓치기 쉬운 다양한 가족의 형태와 이런 가족들이 어떻게 탄생되는지 아이들의 시선에서 살펴보고자 한다. 그림책을 같이 읽으면서 아이들과 함께

'정상 가족, 비정상 가족'이라는 이분법적인 틀에서 벗어나서 가족의 본질이 무엇인지 질문하고 탐구해 볼 것이다. 이 탐구의 결과는 자연스럽게 다음 활동으로 이어진다. 봉투 속에 들어 있는 인물들을 이용해서 아이들은 각자 새로운 가족을 상상해서 만들어 볼 것이다. 친구들과 상의하면서 누군가는 입양이 되었다고 상상할 수도 있고, 누군가는 잠시 동거를 하고 있다고 할 수도 있다. 또 누군가는 나이 차이가 20살이 넘는 자매일 수도 있고, 개나 고양이가 가족이 될 수도 있다. 혹은 여러 가족들이 모여 있는 가족도 상상해 볼 수도 있다. 아이들이 자신의 가족을 선택할 수 없는 것과 마찬가지로 이 인물들은 주어진 것이지만 상상의 결과는 무궁무진하다. 가족의 형태는 물론이고 행복의 정도도 각기 다를 수 있다. 가족들이 불행해서 극단적으로 가족이라고 말하기조차 어려울 수도 있을 것이다. 이 과정에서 아이들의 상상력은 가족에 대한 고정관념과 편견의 경계를 넘어설 것이다.

[관련 인권 문서 및 법률 조항들]

- 세계인권선언(Universal Declaration of Human Rights, 1948)

제16조 성인 남녀는 인종, 국적 또는 종교에 따른 어떤 제한도 없이 혼인하고 가정을 이룰 권리를 가진다. 그들은 혼인에 대하여, 혼인 기간 중 그리고 혼인 해소 시에 동등한 권리를 향유할 수 있다.

- 대한민국 헌법(1987)

제36조 혼인과 가족생활은 개인의 존엄과 양성의 평등을 기초로 성립되고 유지되어야 하며, 국가는 이를 보장한다.

- 시민적 및 정치적 권리에 관한 국제규약(International Covenant on Civil and Political Rights, 1966)

제23조 혼인 적령기의 남녀가 혼인을 하고, 가정을 구성할 권리가 인정된다. 혼인은 양 당사자의 자유롭고 완전한 합의 없이는 성립되지 아니한다.

이렇게 진행해 보세요

❏ **중심 활동**
- 그림책 『따로따로 행복하게』, 『삐약이 엄마』 함께 읽기
- 가족의 탄생(다양한 가족 만들기) 활동
- '가족이란? ○○이다. 왜냐하면~' 활동

❏ **우리가 고른 그림책**

- 『따로따로 행복하게』, 배빗 콜 글·그림, 보림

가족은 서로가 다른 환경 속에서 살아온 사람들이 같이 생활을 하면서 시작된다. 서로에게 낯선 환경과 생활방식은 혼란과 갈등을 유발할 수도 있다. 가족은 이러한 차이점을 얼마나 잘 이해하고 받아들이는가에 따라 '행복한 가족'이 되거나 아니면 '가족 해체'로까지 이어질 수 있다. 대표적으로 이혼의 경우가 그렇다. 수많은 갈등 속에서 부모는 물론 아이들까지 슬프거나 심한 상처를 받을 수 있다. 이혼한 부모를 둔 아이들의 심리적인 문제 중 가장 흔한 것은 잘못된 책임감과 버림받았다는 감정이다. 부모의 이혼을 자기 때문이라고 생각하는 아이들도 있기 때문이다. 『따로따로 행복하게』는 이혼이 무겁고 나쁘다는 인식에서 벗어나, 이혼이 누구의 잘못이 아니라 가족이 행복할 수 있는 또 다른 기회가 될 수 있음을 이야기하고 있다. 부모의 이혼과 각자 행복한 삶을 찾아 떠나는 것을 자연스럽게 받아들일 수 있게 만들어진 그림책이다.

- 『삐약이 엄마』, 백희나 글·그림, 책읽는곰

삐약이 엄마는 연필로 그린 그림책으로, 마치 스케치 노트를 보는 것 같은 첫인상을 준다. 삐약이의 엄마는 고양이인데 우리가 흔히 상상하는 상냥한 엄마가 아니라 심술궂고 사나워 보이는 모습을 하고 있다. 악명 높은 고양이 니양이와 귀여운 병아리 삐약이가 가족이 되면서 어떤 일들이 일어날지 궁금한 마음으로 책을 읽게 만든다.

엄마 고양이 니양이는 갓 태어난 병아리를 늘 데리고 다니면서 깨끗한 음식을 찾아 먹이고, 위험하지 않도록 보살핀다. 그러면서 엄마로서 니양이의 삶도 변해 간다. 사납고 포악한 모습은 점점 사라지고 '삐약이 엄마'로 불리게 되면서 삐약이의 좋은 엄마가 되기로 한다.

부모가 된다는 것은 아이와 만나는 순간부터 가슴 떨리는 설렘으로 찾아오지만, 수많은 사건 사고도 함께 시작된다. 젖 먹임부터 부모의 모든 말과 행동들은 아이를 성장시키는 밑바탕이 된다. 처음부터 준비된 부모가 과연 얼마나 될까? 부모 또한 아이의 양육을 통해 성장한다.

『삐약이 엄마』에서 보듯이, 우리 사회의 가족 형태는 점점 다양해지고 있다. 이제 엄마, 아빠, 자녀로 이루어진 가족만을 올바른 가족이라고 하지 않게 되었다. 작가는 고양이와 병아리라는 친숙해지기 어려운 주인공을 통해 가족이란 무엇인가를 되짚어 볼 수 있는 기회를 주고 있다.

❑ **준비물**
- 그림책 『따로따로 행복하게』, 『삐약이 엄마』
- 모둠별: 4절 도화지 또는 색도화지 1장, 풀, 가위, 사인펜 또는 필기도구
- 가족 형태를 만들 수 있는 재료 봉투(가족사진 봉투, 낱말 봉투) 모둠 수에 따라 봉투 준비: 모둠별로 가족사진 봉투 1개와 낱말 봉투 1개가 필요. 다섯 모둠일 경우에는 가족사진 봉투 5개와 낱말 봉투 5개가 필요

❑ **활동 길라잡이**

- 그림책 『따로따로 행복하게』 함께 읽기(활동 시간: 20분)
 - 가장 기억에 남는 장면에 대해 이야기하기
 - 내가 생각했던 가족의 모습과 비슷한가요? 아니면 다른가요?
 - 여러분도 폴라와 드미트리어스처럼 엄마, 아빠가 왜 저러실까 하는 생각이 드나요?
 - 가족들이 다툴 때, '혹시 우리 때문이 아닐까'라는 생각이 들 때가 있나요?
 - 엄마와 아빠가 서로를 점점 더 미워할 경우 여러분이라면 어떤 마음이 들까요?

- 그림책 『삐약이 엄마』 함께 읽기(활동 시간: 20분)
 - 가족은 어떻게 만들어질까요?
 - 니양이는 뱃속에서 나온 작고, 노랗고, 귀여운 병아리를 보는 순간 어떤 마음이었을까요?

- 니양이는 삐약이를 보호하기 위해 어떤 행동을 했나요? 왜 그런 행동을 했을까요?
- 니양이는 왜 '삐약이 엄마'라는 이름이 마음에 쏙 들었을까요?

• '가족의 탄생'-다양한 가족 만들어 보고 발표해 보기(활동 시간: 40분)
- 가족 형태가 들어 있는 가족사진 봉투와 낱말 카드*가 들어 있는 낱말 봉투를 모둠 수만큼 준비한다.
※ 가족사진 봉투에는 다양한 사람들, 동물 등의 사진을 미리 준비한다.

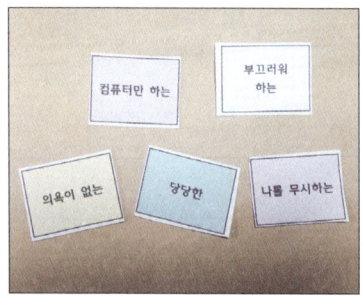 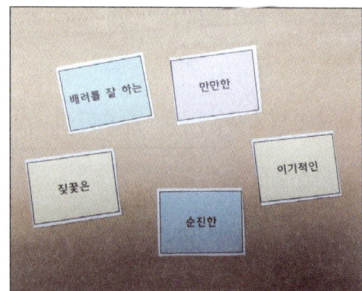

※ 낱말 봉투에는 다양한 성격이 표현되어 있는 낱말 카드를 미리 준비한다.

---

* 활동 자료 1 〈성격을 나타내는 낱말 카드〉.

- 모둠별로 가족사진 봉투 1개와 낱말 봉투 1개씩을 고른다.
- 모둠에서 고른 2개의 봉투로 새로운 가족을 만들고, 가족이 살아온 이야기를 만든다.
- 모둠별로 완성된 가족 구성원과 그 구성들이 살아온 역사를 이야기해 본다.
  ▶ 어떻게 가족이 되었나?
  ▶ 이러한 가족 구성은 가능한가?
  ▶ 우리 주위에 이런 가족들이 있나? 등에 대해 함께 이야기를 나누어 본다.

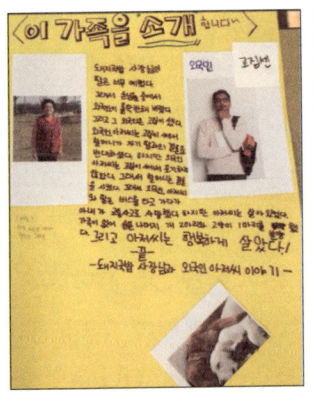
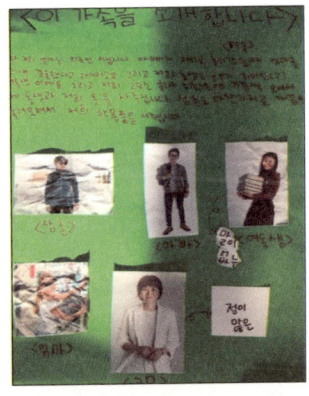
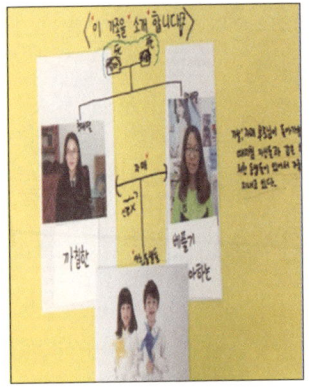
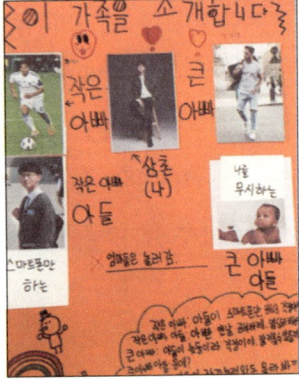

❏ 정리하기

- 이번 활동을 통해 새롭게 생각해 본 가족에 대해서 '가족이란? ○○이다. 왜냐하면~' 활동지*에 써 본다.
- 각자 쓴 것을 발표하고, 가족이란 무엇인지 되돌아보면서 활동을 마무리한다.

    ※ 활동을 시작할 때 이 활동을 하고, 마무리 활동 때도 다시 해 본다. 처음에 생각했던 가족과 활동이 끝날 때 생각했던 가족을 비교해 보는 활동으로 진행해도 좋다.

---

* 활동 자료 2 〈가족이란? ○○이다. 왜냐하면~〉.

❏ 활동 자료 1

성격을 나타내는 낱말 카드

겸손한	자유로운	친절한	판단력 좋은	고집이 센
친구를 좋아하는	질투심 많은	욕심 많은	참을성 있는	행동이 느린
꼼꼼한	예의 없는	충동적인	좋은	어리석은
컴퓨터만 하는	유별난	차분한	얌전한	까칠한
창의적인	침착한	일관성 있는	구질구질한	호기심 많은
변덕스러운	유머스러운	인내심 있는	힘이 넘치는	의욕이 없는
한심한	한 성격하는	짓궂은	잠만 자는	성급한
생각이 깊은	예의 바른	성미가 까다로운	싹싹한	유능한
활동적인	참을성 없는	지각을 잘하는	따뜻한	훌륭한
낭만적인	시끄러운	답답한	항상 심각한	명랑한

조심성 있는	단순한	장난기 많은	수다스러운	잔소리가 심한
너그러운	상냥한	독립적인	흥분된	조용한
다혈질	사려 깊은	소심한	솔직한	이기적인
잘 우는	산만한	덜렁대는	속이 좋은	근심이 많은
적극적인	상상력이 풍부한	심성이 착한	평화로운	무능력한
불안한	걱정 없는	인정이 있는	냉정한	무기력한
다정한	말을 잘하는	게으른	만만한	성실한
잘 삐지는	심술궂은	부드러운	변덕스러운	비겁한
우울한	평온한	예민한	내 말을 절대 듣지 않는	말이 많은
재능이 있는	잘 웃는	차가운	배려심 있는	덤벙거리는

❑ 활동 자료 2

'가족이란? ○○이다. 왜냐하면~'

가족은 _____ 이다.

왜냐하면

_____

때문이다.

❏ 읽기 자료

가족에 대한 오해와 진실

신경정신과 전문 의사인 양창순 박사가 세바시 강연에서 '가족에 대한 오해와 진실'이라는 주제로 강연한 내용을 정리해 보았다.

양창순 박사는 "가족은 사람이 태어나서 처음 접하는 사회, 가족은 태어나서 처음 만나는 사람"이며, 사람에게 첫 경험은 무엇보다 소중하고, 사회적 관계는 가족관계의 반복이라고 이야기한다. 더불어 서로를 가장 아끼고 사랑하며 이 세상에서 처음 접하는 가장 중요한 관계이면서도 가장 깊은 상처를 주고받는 불가사의한 관계라고 한다.

우리가 가족에 대한 오해와 편견이 있기 때문에 그 사람에 대해서 제대로 알 수도 없고 그 사람과의 관계를 제대로 맺을 수가 없다는 것이다.

양창순 박사에 따르면 가족에 대한 오해와 진실은 다음과 같다.

▶ 가족에 대한 오해
1. 가족관계는 단순하다.
2. 가족관계는 노력을 안 해도 된다.
3. 가족에겐 서로에게 느끼는 감정을 다 표현해도 된다.
4. 가족이란 나의 모든 기대치를 다 걸어도 되는 관계이다.

▶ 가족에 대한 진실

1. 가족은 복잡한 관계이다.

다른 인간관계에서는 문제가 안 되는 것까지도 문제가 된다. 예를 들면 잠자는 버릇, 밥 먹는 버릇, 화장실 사용하는 버릇 등 복잡한 관계가 분명하다.

2. 가족은 가장 많은 노력이 필요한 관계이다.

피를 나눈 사이인데 무슨 노력이 필요하냐고 하지만, 가장 노력이 필요한 관계이다. 이 관계에서 노력을 하지 않기 때문에 서로에게 상처가 되고, 설령 노력을 한다고 해도 '나 빼놓고 너희들만 노력해'가 되면 상처를 주는 사이가 될 수밖에 없다.

3. 가족도 감정의 여과 장치가 필요하다.

맨발로 못을 밟았을 때와 구두를 신고 밟았을 때 언제가 더 아플까? 가족이라고 믿고, 열어 보이고 얘기를 다 했는데 '너는 마마보이야', '그딴 식으로 살았으니 그것밖에 못하지'라고 하면 오히려 상처는 더 커진다.

4. 가족관계에서도 합리인 기대치가 필요하다.

가족에게 기대치가 큰 것을 사랑이라고 생각하는데, 그것은 사랑이 아니고 가족을 소유물이나 나의 어떤 욕구를 채우는 수단으로 생각하기 때문이다. 가족일수록 어떤 장점이 있는지, 어떤 점을 보완해야 할지, 무엇을 원하는지 바라볼 수 있는 합리적인 기대치가 필요하다.

가족이란 기본적으로 시행착오가 많은 집단이다. 대부분 미성숙한 상태에서 준비가 부족한 가운데 부부가 되고 부모 자식이 되기 때문이다. 따라서 가족 간에도 기본적으로 지킬 것은 지키는 선이 있어야 한다. 그러면서 가족 간의 오해와 편견을 풀기 위한 네 가지 처방을 제시한다.

그것은 영어 알파벳 앞 글자를 딴 4L, 즉 LOVE, Limits, Let them go, Loose integration이다.

1. LOVE(있는 그대로 사랑하기): 가족들이 내가 원하는 모습을 가졌기 때문에 사랑하는 것이 아니라 있는 그대로 사랑해야 된다. 가족은 내가 무엇을 잘하든 못하든 간에 언제든지 내가 돌아와서 쉬고 도움을 청할 수 있는 관계가 되어야 한다.

2. Limits(경계선 넘지 않기): 가족들 사이의 경계선을 뜻한다. 아무리 가까운 가족 사이라도 서로 해서는 안 되는 행동, 넘어서는 안 되는 선이 있다. 가족 간에도 넘어서는 안 되는 경계선이 있다는 것을 인정하고 받아들여야 한다.

3. Let them go(독립과 이별 인정하기): 내가 되고 싶은 권리를 인정해 주어야 한다. 아이들이 가장 좋아하는 것은 부모 눈치 안 보고 하고 싶은 것을 하는 것이다. 이는 가족들이 서로 지나치게 의존하는 경향을 벗어나 독립을 추구하고 또 그것을 인정해 주는 것을 말한다.

4. Loose integration(느슨하게 간섭하기): 자율성의 보장을 의미한다. 신뢰와 사랑을 주어야 내 인생은 내가 만들어 간다는 자율성이 자라난다. 또 그럴 때 건강한 자긍심을 갖게 된다.

이 네 가지를 온 가족이 동시에 하는 것이 중요하다. 그리고 가장 바람직한 관계는 우정과 같은 관계이다. 내가 어떤 얘기를 하더라도 가족들이 믿어 줄 수 있겠다는 신뢰가 있고, 그러므로 편안하게 모든 이야기를 할 수 있는 불안이 없는 관계가 되려면 우리는 매일 마음을 맛나게 먹어야 한다고 마무리를 짓는다.

출처: 〈건강한 가족이 되는 비밀〉, 양창순 박사, 세바시 강연(458회)

❏ 함께 보면 좋은 그림책들

고함쟁이 엄마
유타 바우어 글·그림, 비룡소

누구에게나 가족은 있어!
알랭 시세 글·그림, 톡

우리 가족 만나볼래?
율리아 귈름 글·그림,
후즈갓마이테일

우리 모두 다 함께
아니타 제람 글·그림, 베틀북

모든 가족은 특별해요
토드 파 글·그림, 문학동네

돼지책
앤서니 브라운 글·그림,
웅진주니어

가족 마음 안아주기
쇼나 이니스 글,
이리스 어고치 그림, 을파소

엄마
엘렌 델포르주 글,
캉탱 그레방 그림, 밝은미래

우리 가족입니다
이혜란 지음, 보림

❏ 함께 읽으면 좋은 책들

이상한 정상가족
김희경 지음, 동아시아

둘이 함께 살며 생각한 것들
박미은·김진하 지음, 저녁달고양이

가족입니까
김해원 외 지음, 바람의아이들

우리 가족은 꽤나 진지합니다
봉태규 지음, 더퀘스트

여자 둘이 살고 있습니다
김하나·황선우 지음, 위즈덤하우스

반려동물, 또 하나의 가족
한영식 지음, 아르볼

❏ 영화 및 영상 자료

니나 내나
2019, 한국

나의 특별한 형제
2019, 한국

어른이 되면
2018, 한국

가족의 탄생
2006, 한국

블라인드 사이드
2010, 미국

아이엠 샘
2002, 미국

… 4.

편견

"차별의 거대한 뿌리, 편견"

「세계인권선언문」 2조의 내용은 "모든 사람은 인종, 피부색, 성, 언어, 종교 등 어떤 이유로도 차별받지 않으며, 이 선언에 나와 있는 모든 권리와 자유를 누릴 자격이 있다"라는 것이다. 모든 사람은 어떤 이유로든 차별받지 않을 권리가 있다고 하는데, 역설적으로 인간은 누구도 자신에게 편견이나 고정관념이 없다고 말하기는 어려울 것이다.

인권 문제는 늘 이러저러한 편견과 연관되어 있으며, 그러한 편견은 종종 권력의 작동과 맞물려 차별과 폭력을 만들어 낸다. 또 사회적 약자나 소수자에 대한 차별의 문제는 사회구조적 문제일 뿐만 아니라 개개인이 왜곡된 편견과 고정관념으로 어떠한 집단의 사람들을 쉽게 예단하며 비하시켜 판단하는 심리적 폭력의 문제이기도 하다.

성차별, 인종차별, 지역차별, 혐오, 난민 문제 등의 밑바닥에는 드러나지 않는 편견과 고정관념이 견고히 자리 잡고 있다. "당신은 인종을 차별합니까?" 또는 "당신은 성소수자를 혐오합니까?"라는 질문을 받는다면 우리는 대부분 "아니요"라고 답할 것이다. 하지만 흑인과 백인의 차이, 남성과 여성의 차이, 전라도 사람과 경상도 사람의 차이 등을 설명해 보면 우리 안에 수많은 편견이 있음을 알 수 있다. 이러한 생각은 마치 진실인 것처럼 착각하게 만들고 우리는 이것이 편견임을 지각하지 못하는 경우가 많다. 그것은 편견이 통념화되어 버린 사회에서 태어나 그대로 학습되었기 때문일 것이다.

"당연하다고 받아들였던 어떤 생각이 나만의 편견일 수도 있다는 것을 알아채는 것은 물고기가 자기 몸이 젖어 있다는 것을 알아채는 것만큼이나 어렵습니다. 우리 모두는 다 편견이 있습니다. 애덤 샌델은 『편견이란 무엇인가』라는 책에서 편견에서 완전히 자유로울 수 있다는 생각 자체가 편견이라고 일갈하기도 했지요.

사전적인 의미의 편견이란 공정하지 못하고 한쪽으로 치우친 생각을 말합니다. 문제는 편견이 나의 경험에서 검증된 것이 아니라 경험하기 이전의 판단 기준으로 작동한다는 것입니다. 편견은 규범이나 가치, 관습 등에 영향을 받습니다. 그 시대나 사회에서 바람직하다고 여겨지는 것을 기준으로 좋은 것과 나쁜 것, 올바른 것과 틀린 것을 규정합니다. 좋은 것, 올바른 것이라고 여겨지는 것들은 대부분 내가 그것을 선택하기 이전에 요구받은 것들입니다. 때문에 이미 정상적이고 올바르고 좋은 것이라고 전제된 것들을 의심하거나 다르게 바라보기는 쉽지 않습니다. 그럼에도 불구하고 우리는 편견이 고정된 틀에 나의 생각을 가둘 수 있다는 것을 알아야 합니다."

이상화(한국양성평등교육진흥원), 〈편견을 알아챈다는 것〉에서

깨닫지 못하는 편견은 우리의 개방적 사고를 방해하고 다양성의 가치를 훼손한다. 나는 어떤 편견이 있는지 성찰해 보고, 편견을 깰 수 있는 다양한 방법들을 실천해 나가는 꾸준한 노력이 필요하다. 우리

가 이 주제를 아이들과 다루는 이유가 여기에 있다.

　이번 주제에서는 자신도 모르게 생기는 편견들을 찾아내고 대응하는 방법들을 찾는 과정에 초점을 맞추었다. 시작 활동으로 '이것은 무엇일까?' 동물 이름 맞히기 놀이를 넣었다. 토끼 하면 큰 귀, 분홍색, 귀여움 등으로 상징되는 특징들이 있다. 아이들은 이 특징들을 나타내는 힌트로 동물 이름을 쉽게 맞힐 수 있을 것이다. 그런데 바로 다음에 이어지는 그림책 읽기 활동은 이런 특징들이 어쩌면 편견은 아닌지 의심해 보게 만든다. 다비드 칼리의 재치 넘치는 이야기가 담긴 『범인은 고양이야!』가 그 역할을 잘해 낼 것이다. 그다음 그림책 『착한 괴물 쿠마』는 선입견이나 편견의 대상이 자기 자신이 되는 간접 경험을 제공해 준다. 쿠마가 되어 봄으로써 답답하고 억울한 마음에 공감하게 되고 편견과 선입견을 지우는 노력이 필요하다는 점을 느낄 수 있게 이끌 것이다. 책을 읽은 후에는 몇 가지 편견의 사례와 편견을 깨는 방법을 살펴본 뒤에 '매직북'을 직접 만들어 볼 것이다. 편견을 깬다는 것은 내가 정해 놓은 틀을 벗어나 넓은 시선으로 보는 것이라는 의미를 매직북이 담고 있다는 점을 같이 이야기하면서 활동을 마무리한다.

　이 활동을 통해 몇 번의 경험으로 전체를 판단하게 됨으로써 생기는 편견, 주변에서 전해 들은 말들로 생겨난 편견, 자세히 알아보지 않고 만들어 내는 편견, 겉모습만으로 판단하는 편견은 없는지, 그로 인한 차별 행위가 어떻게 만들어지는지에 대해 이야기를 나누어 보고, 현실에서 우리가 편견과 차별에 맞서기 위해 어떠한 노력이 필요한가를 함께 고민해 보는 기회가 되면 좋겠다.

[관련 인권 문서 및 법률 조항들]

• 대한민국 헌법(1987)

제11조 모든 국민은 법 앞에 평등하다. 누구든지 성별, 종교 또는 사회적 신분에 의하여 정치적, 경제적, 사회적, 문화적 생활의 모든 영역에 있어서 차별을 받지 아니한다.

• 세계인권선언(Universal Declaration of Human Rights, 1948)

제2조 모든 사람은 인종, 피부색, 성, 언어, 종교, 정치 또는 그 밖의 견해, 민족 또는 사회적 출신, 재산, 출생, 기타의 지위 등에 따른 어떠한 종류의 구별도 없이, 이 선언에 제시된 모든 권리와 자유를 누릴 자격이 있다.

• 서울특별시 학생인권조례(2012)

제5조 학생은 성별, 종교, 나이, 사회적 신분, 출신 지역, 출신 국가, 출신 민족, 언어, 장애, 용모 등 신체조건, 임신 또는 출산, 가족 형태 또는 가족 상황, 인종, 경제적 지위, 피부색, 사상 또는 정치적 의견, 성적 지향, 성별 정체성, 병력, 징계, 성적 등을 이유로 차별받지 않을 권리를 가진다.

제6조 학생은 특정 집단이나 사회적 소수자에 대한 편견에 기초한 정보를 의도적으로 누설하는 행위나 모욕, 괴롭힘으로부터 자유로울 권리를 가진다.

이렇게 진행해 보세요

❏ **중심 활동**
- 동물 퀴즈 게임
- 그림책 『범인은 고양이야!』 함께 읽기
- 그림책 『착한 괴물 쿠마』 함께 읽기
- 매직북 만들기

❏ **우리가 고른 그림책**

- 『범인은 고양이야!』, 다비드 칼리 글, 마갈리 클라벨레 그림, 다림

그날 밤, 누구도 예상하지 못한 사건이 벌어졌다. 생쥐들은 확실한 증거도 없이 고양이를 범인이라고 말한다. 하지만 생쥐 탐정 마이크는 모두 당연하다 여기는 것에 대해 끊임없이 질문하며 사건을 해결하려고 애쓴다. 과연 사건의 범인은 누구일까?

다비드 칼리 특유의 문체로 유쾌하고 통쾌하게 우리의 편견에 질문을 던지고 있다.

- 『착한 괴물 쿠마』, 미야베 미유키 글, 사다케 미호 그림, 살림어린이

오랫동안 나쁜 괴물로부터 마을을 지켜 오던 쿠마는 사람들의 외모에 대한 편견으로 결국 마을을 떠나고 만다. 외모에 대한 선입견과

편견은 남녀노소를 막론하고 이미 우리 현실에 만연해 있으며, 여러 방향으로 이 사회를 병들게 하고 있다. 편향된 시각으로 누군가를 함부로 판단하고 있는 것은 아닌지, 나의 편견이 누군가에게 폭력이 되고 있지는 않은지 성찰이 필요하다.

❏ 준비물
- 그림책 『범인은 고양이야!』, 『착한 괴물 쿠마』, 포스트잇, 동물 이름 카드, 스케치북, A4 크기 색지 1장, A4 1/4 크기 색지 2장, 풀, 가위, 색연필, 사인펜

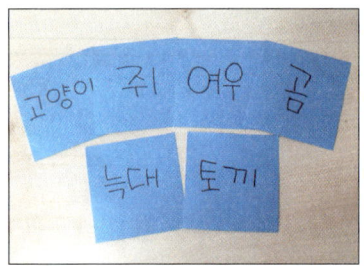 

tip
1/4 종이는 조금 두꺼운 것이 좋다.

❏ 활동 길라잡이

- '이것은 무엇일까요?' 단어 퀴즈 게임(예상 시간: 15분)
- 한 사람이 나오면 그 사람의 뒤에서 나머지 사람만 볼 수 있도록 다양한 동물의 이름 카드를 보여 준다.
- 나머지 사람들이 그 동물에 대한 힌트를 주면 앞에 나온 사람이 동물의 이름을 맞힌다.

예시)

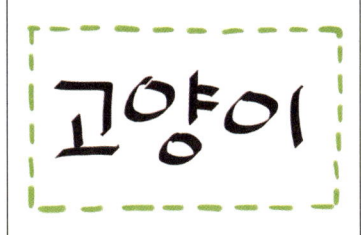

tip
이름 카드는 꼭 동물이 아니어도 좋다.
단, '고양이, 쥐, 괴물'은 카드 이름에 넣는다.

- 힌트는 문장이나 단어로 포스트잇에 쓴다.
- 포스트잇에 쓴 힌트를 돌아가며 말한다(이때, 동작이나 동물이 내는 소리를 내지 않는다).
  ※ 진행자는 포스트잇에 쓴 힌트를 각 동물(낱말)별로 모아 두는 것도 좋다. 다음 활동인 그림책을 읽고 나서 포스트잇에 쓴 이 힌트들이 혹시 편견은 아니었는지 검토해 보는 시간을 가질 수도 있을 것이다.

• 그림책 『범인은 고양이야!』 함께 읽기(예상 시간: 10분)
- 이 이야기에 나오는 고양이는 어떤가요?
- 생쥐들은 왜 고양이가 범인이라고 생각했을까요?
- 오해를 받고 있는 고양이는 어떤 기분이었을까요?

• 그림책 『착한 괴물 쿠마』 함께 읽기(예상 시간: 15분)
- 마을 사람들은 쿠마를 보고 어떻게 생각했나요?

- 왜 그렇게 생각했을까요? 마을 사람들은 쿠마가 사람들을 공격하는 것을 보았나요?
- 외모를 보고 '괴물'이라고 부르는 것에 대해서 어떻게 생각하나요?
- 다른 사람이 나에 대해 자기 마음대로 판단한 일이 있었나요?
- 그때 나는 어떤 생각이 들었나요?

• '편견'에 대해 이야기 나누기(예상 시간: 10분)
- 편견이란 무엇일까요? 각자 자신이 생각하는 '편견이란 무엇인지' 이야기해 본다.
  ※ 국어사전의 '편견': 공정하지 못하고 한쪽으로 치우친 생각
- 『범인은 고양이야!』와 『착한 괴물 쿠마』 이야기에는 어떤 편견이 있었나요?
- 편견은 어떻게 만들어지는 걸까요? 〈편견은 어떻게 만들어지는 걸까?〉(PPT 자료*)를 보고 비슷한 사례들을 찾아본다.
  ▶ 색안경을 쓰고 세상을 바라본다면
  ▶ 자세히 알아보지 않고 겉모습으로만 판단한다면
  ▶ 전체를 보지 않고 작은 구멍으로 바라본다면

• '편견을 깨는 매직북 만들기'(예상 시간: 20분)
- 편견을 깨기 위한 방법은 무엇이 있을까요?
  ▶ 이 생각이 편견은 아닐까 질문하기
  ▶ 입장 바꿔 생각하기(다른 관점으로 생각하기)
  ▶ 넓은 시각으로 바라보기

---

* 활동 자료.

▶ 겉모습만 보고 판단하지 않기
- 매직북 만들기
  ▶ 종이와 가위, 풀, 활동 자료 〈편견은 어떻게 만들어지는 걸까?〉에 있는 '전체를 보지 않고 작은 구멍으로 본다면"'의 장면을 자른 그림을 준비한 다음 아래 순서로 만든다.

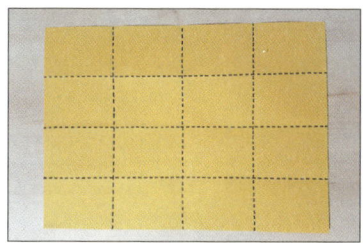
① A4 용지를 모양과 같이 접는다.

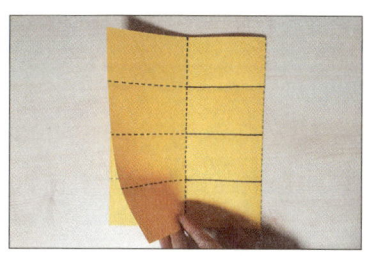
② 반을 접고 가운데 부분을 실선까지만 가위로 자른다.

③ A4 용지를 완전히 펼친 다음 1/4 종이를 엇갈려 끼운다.

④ 가운데 부분이 올라오도록 접는다.

⑤ 가운데 부분을 양옆으로 나눈다.

⑥ 양옆으로 펼친 다음 잘 눌러 준다.

* 참고 자료-영화 및 영상 자료에 있는 '편견이라는 작은 구멍'의 장면을 캡처한 그림 자료다. 활동을 전후해서 같이 보아도 좋겠다.

⑦ 펼쳐진 부분 밑에 양쪽 날개를 잡고 옆으로 당긴다.

⑧ 처음 모양으로 펼쳐진다.

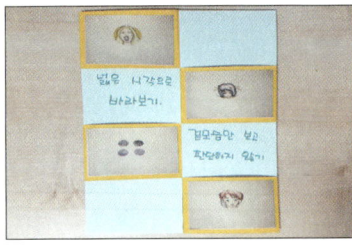 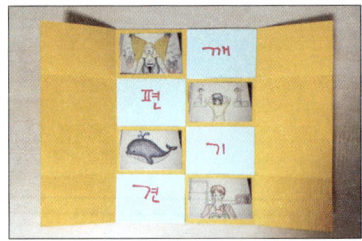

⑨ ⑥번 모양으로 펼친 후 부분만 보이는 그림을 붙인다.

⑩ ⑧번 모양으로 펼친 후 전체가 보이는 그림을 붙인다.

❏ 정리하기(예상 시간: 10분)

- 책의 제목을 정하고 지은이 등을 쓴다.
- 매직북의 빈칸에 편견을 깰 수 있는 방법을 쓰고 발표한다.

❏ 활동 자료

편견은 어떻게 만들어지는 걸까?

색안경을 쓰고 세상을 바라본다면

자세히 알아보지 않고 겉모습으로만 판단한다면(출처: EBS)

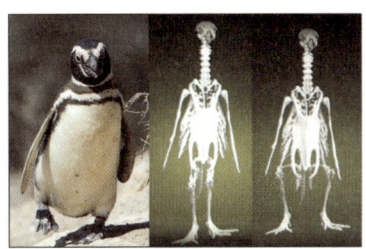

전체를 보지 않고 작은 구멍으로 바라본다면

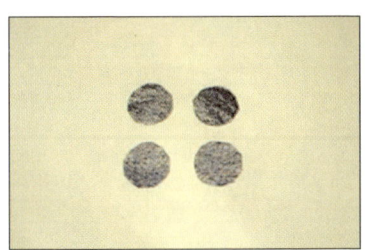

📖 읽기 자료

법정은 공정하다?
편견이 판결에 영향을 미친다는 걸 증명한 실험

BBC NEWS-KOREA 2019년 7월 28일

정의의 여신은 눈을 가리고 있지만 판사는 결국 사람이다.
사진 출처: GETTY IMAGES

정의의 여신은 공정하다는 믿음이 깨지고 있다.

미국 법원에서 판사들이 판단을 내릴 때 여느 사람들처럼 특정 요소에 영향을 받는다는 연구들이 나왔다.

사회가 판사들에게 기대하는 것은 다음과 같다. 판사들이 결정을 내릴 때 공정하게 행동한다. 그리고 사실에 기초해 법을 적용하고 다른 사람들의 삶에 영향을 줄 것이다.

하지만 인간은 자기도 모르게 어떤 편견을 가지고 있다. 이들 중에는 매우 심각한 것도 있다.

단순 이름만으로도 판결이 달라진다?

제프리 J. 라츨린스키는 코넬 대학교 법대 교수다. 지난 20년 동안 밴더빌트 대학교 로스쿨에서 행태주의 법과 경제학을 가르치는 크리스 거스리 교수, 앤드류 J 위스트리치 치안판사와 함께 판사들이 보여 준 편견을 연구했다.

이들의 연구 중 가장 유명한 것은 판사들이 어떻게 '앵커링'에 영향을 받는지를 살펴본 연구다. 앵커링은 사람들이 어떤 결정을 할 때 초기 정보에 과도하게 의존하는 것(마치 마음에 내려진 '닻'처럼 정보가 작동하는 상황)을 말한다.

연구의 일환으로 판사들에게 가상의 나이트클럽이 소음 법규를 위반했다는 시나리오가 제공됐다. 판사들은 판결에 필요한 상황과 법적 정보를 동일하게 제공받았다. 다만 도로 번호를 따서 지은 나이트클럽 이름만 달랐다. 절반에게는 '클럽 55'가, 나머지에게는 '클럽 11866'이라는 이름이 제공된 것이다.

그런데 클럽 이름이 '11866'일 때 벌금이 세 배 이상 많이 나왔다. 라츨린스키 교수는 11866이 55보다 단지 높은 숫자였기 때문이라고 말했다.

순서가 결과에 영향을 줄 때

연구자들이 앵커링의 영향을 조사하고 있을 때, 또 다른 유형을 발견했다.

두 개로 나눠 진행된 연구에서, 판사들은 다른 두 죄수에게 법정 형량으로 각각 징역 1년과 9년을 선고해야 했다.

라츨린스키 교수는 "징역 1년 형 죄수를 먼저 선고하는 경우에는, 두 번째 죄수에게는 9년 형이 아니라 6년 형을 선고했다"라고 말했다.

"방금 다른 피고인에게 징역 1년을 선고했기 때문에 9년은 많아 보여서 판사들이 두 번째 죄수의 형량을 낮춘 겁니다."

하지만 "다른 판사가 9년 형을 먼저 선고하게 된 경우에는 두 번째 죄수에게 1년 형이 충분치 않아 보여서 2년 형을 선고했다. 숫자가 서로 다른 방식으로 닻을 내린 것"이라고 했다.

이후 연구에서는 판사들이 연 단위 선고보다 월 단위 선고를 하게 됐을 때 더 짧은 형량을 부과하는 경향을 띤다는 걸 알아냈다.

그들은 또한 손해배상 상한 금액을 알고 판결할 때, 손해배상 금액을 더 높게 판결했다. 원고가 TV 법정 프로그램에서 나온 손해배상에 대해 언급했을 때, 이에 영향을 받기도 했다.

포만감 판결

법과 관련된 옛날 미국 속담에 "판사가 아침에 무엇을 먹었는가가 정의"라는 말이 있다.

우리는 경험이 많은 치안판사라면 식사 시간 같은 사소한 것에 영향을 받지 않으리라 믿는다. 그런데 연구는 이마저도 편견이었음을 보여 줬다.

2011년 컬럼비아 비즈니스 스쿨의 조나단 레바브 교수는 판사들이 식후에 가석방 판결을 더 많이 내리는 경향이 있다는 연구를 내놓았다.

이를 위해 레바브 연구팀은 이스라엘에서 경험 많은 치안판사 8명이 10개월 동안 내린 1,112건의 가석방 판결을 연구했다.

국립과학원회보PNAS에 보고된 바에 따르면, 판사들이 간단히 요기하거나 점심을 먹으며 휴식을 취한 후에 나온 판결의 65%는 가석방이었다.

그러나 휴식이 끝나고 시간이 흘러갈수록 우호적인 판결은 서서히 줄어들었다. 다시 휴식을 취한 후에야 가석방률은 65%로 돌아왔다.

연구자들은 판사들이 밥을 먹거나 정신적으로 휴식을 취한 게 분명한 이유라고는 확신할 수 없었다. 다만 연구 논문의 공동 저자 중 한 명인 샤이 댄지거 교수는 "외적 변수들이 사법적 결정에 영향을 줄 수 있다는 것을 시사한다"라고 말했다.

그는 "경험이 풍부한 판사들도 심리학적 편견에 민감하게 반응한다는 내용의 연구들이 계속 나오고 있으며 이를 뒷받침하는 연구"라고 말했다.

뿌리내린 믿음

2018년 4월 판사 500여 명의 젠더 편견을 조사한 또 다른 연구가 발표됐다. 연구 대상의 68%는 남성이고 30%는 여성이었다. 2%는 미국의 법원 시스템에서 성별을 확인할 자료가 없었다.

연구자들은 판사들에게 두 가지 법정 사건을 제시했다. 이 사건은 자녀 양육과 성차별과 관련되어 있었고, 원고의 성별은 정해지지 않았다.

판사들을 대상으로 전통적 성 역할에 대한 견해를 엿볼 수 있는 설문도 진행됐다. "여성이 아이를 양육하는 것에 더 관심이 있다", "남자가 생계를 주로 책임지는 가족이 더 잘 산다"와 같은 고정관념에 대한 평가였다.

연구자 중 한 명인 안드레아 밀러 일리노이 대학교 방문 교수는 〈사회심리학과 인성과학〉이라는 사회과학 저널에 연구 결과를 발표했다. 판사들이 판결에서 성 역할에 관한 본인의 선입견을 면

밀하게 반영한다는 것이다.

연구팀은 같은 실험을 법 전문가가 아닌 이들에게도 수행했다. 연구 결과 판사들의 성 역할에 관한 편견이 일반 대중보다 더 강한 것으로 나타났다.

밀러 교수는 "다른 사람들처럼 젠더 편견은 판사의 의사결정에도 영향을 줄 수 있다. 판사의 전문 지식이 편견에 치우친 의사결정으로부터 자유롭게 만들어 주지는 않는다"라고 말했다.

판사도 인간

판사 역시 인간이라는 것을 보여 주는 연구가 늘고 있다.

미국 밴더빌트 대학교 법대의 테리 마론니 교수는 신임 판사 교육을 의뢰받았다. '베이비 저지 스쿨(아기 판사 학교)'이라는 깜찍한 별명이 붙은 프로그램이었다.

이 교육을 운영하는 제레미 포겔 연방사법센터 임원은 AP통신과 인터뷰에서 1960년대 미국 의회가 만든 이니셔티브에 따라 "사람들은 자기 일에 필요한 기본적인 것들을 보장받아야 한다"라며, 이 프로그램의 취지를 설명했다.

마론리 교수는 한 팟캐스트(금융저널리스트 마이클 루이스의 '어게인스트 루')에서 2013년 이래, 판사들은 자신의 감정이 판결에 어떻게 영향을 주는지 귀에 못이 박히도록 교육받는다고 말했다.

마론리 교수는 "인간 삶의 모든 면에서 감정이 핵심이라는 건 거의 모든 분야에서 통용되고 있다. 우리는 여전히 감정과 법이 무관하다고 믿고 있었다. 그러나 법은 오로지 합리성이라는 괴상한 허구를 믿고 있었다"라고 말했다.

그는 판사들에게 판결할 때 자신의 감정을 잘 살펴야 한다고 조언했다. 또한 자신의 편견을 잘 이해하지 못하는 판사들이 더 많은 실수를 저지른다고 말했다.

편견을 배우지 않기

은퇴한 판사이자 인디애나에서 신문 칼럼니스트로 활동 중인 제임스 레드와인도 판사의 판결에 편견이 영향을 줄 수 있다는 데 동의한다.

그러면서도 '편견을 가졌는지 아닌지'가 아니라, '본인들의 편견이 사람들에게 영향을 주지 않았다는 걸 확신할 수 있는지 아닌지'가 문제라고 말했다.

한 기사에서 그는 흑인 청소년 다섯 명에게 강간을 당했다고 주장한 12살의 아프리카계 미국 소녀 사건을 회고했다.

미국의 전형적인 엘리트에 가깝게 성장했다는 레드와인 판사는 눈앞에 있는 다섯 명의 흑인 소년들을 보자, 이들에게 "공정한 판결을 내리지 못하고" 소녀의 편을 들고 싶었다고 고백했다.

사건이 진행되면서 배심원단은 주로 아프리카계 미국인으로 구성됐다. 레드와인 판사처럼 특정한 편견을 갖지 않았던 배심원단은 사안을 좀 더 미묘하게 바라봤다.

목격자 몇 명이 소환됐고, 사건의 다른 측면이 입증됐다.

판사는 "내 편견이 심각하게 정의를 훼손할 수 있었다"라고 말했다.

"편견이 학습된 특성"이라고 주장하면서, 그는 "판단을 내려야 할 때, 나는 학습된 그것(편견)을 잊으려 노력하게 됐다"라고 했다.

출처: https://www.bbc.com/korean/news-49141988.amp

❏ 함께 보면 좋은 그림책들

곰과 새
김용대 글·그림, 길벗어린이

나는 빨강이야
물기둥 글·그림, 소원나무

여자도 달릴 수 있어!
아네트 베이 피멘텔 글, 미카 아처 그림, 청어람아이

늑대가 들려주는 아기돼지 삼형제 이야기
존 셰스카 글, 레인 스미스 그림, 보림

나는 늑대일까요?
이주영 글·그림, 쉼어린이

그래서 모든 게 달라졌어요!
올리버 제퍼스 글·그림, 주니어김영사

검은 무엇
레자 달반드 글·그림, 분홍고래

천장 위의 아이
비베카 훼그렌 글·그림, 봄볕

쥐와 다람쥐의 이야기
미슈카 벤 데이비드 글, 미셸 키카 그림, 책빛

❑ 함께 읽으면 좋은 책들

편견
아그네스 헬러 지음, 이론과실천

상처 줄 생각은 없었어
돌리 추그 지음, 든

인간은 왜 폭력을 행사하는가?
정윤수 외 지음, 철수와영희

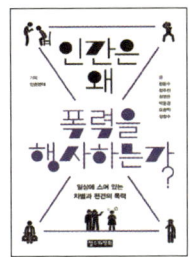

❑ 영화 및 영상 자료

주토피아
2016, 미국

원더
2017, 미국

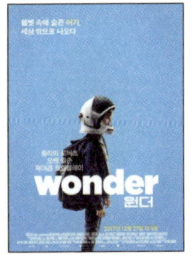

빌리 엘리어트
2000, 영국

- 편견이라는 작은 구멍
  제2회 You&I 거리 좁히기 UCC 공모전 입선작-보건복지부
  https://youtu.be/OUVf88hpV1I

- 다문화 인식 개선 캠페인
  편견에서 시작된 친절은 편견이 될 수 있습니다
  https://www.youtube.com/watch?v=vr10BU_a2C0

5.
성 다양성과 성차별

"나다운 게 이상해!?"

'성평등 실현'에 대한 요구는 우리 사회의 큰 흐름으로 자리 잡고 있다. 서점에서 페미니즘 관련 서적이 판매 순위 상위권을 차지하기도 하고, 영화 제작 및 촬영 과정에서 여성이 차지하는 비중이 높은 'F등급' 영화들이 상영되고 있으며, 정치권에서도 성평등 정책을 실현하려는 움직임이 많아지고 있다. 미투Me too 운동으로 고위직 인사들의 권력형 성범죄가 줄줄이 밝혀지자 사회 전반에 깔려 있던 왜곡된 성 인식에 대한 문제의식이 확산되었고, 일상 속 성 인식이 변화되어야 한다는 목소리가 높아졌다.

이러한 흐름 속에 2020년, 성범죄 영상이 실시간으로 공유되는 'n번방'의 실체가 세상에 밝혀졌다. 사람들은 디지털 공간에서 일어난 잔인하고 폭력적인 가해 수법에 한 번 놀라고, 그중 가해자 다수가 10대 청소년임에 또 한 번 놀랐다. 2015년부터 전국 초·중·고에서 매년 15시간 이상 의무적으로 할애되는 성교육 시간의 의미와 실효성에 대해 문제가 제기되었다.

학교에서 하고 있는 성교육은 요즈음의 문제의식과 매우 동떨어져 있다. 대표적으로 '성폭력 예방교육'이라는 이름으로 진행되는 교육은 권력의 위계에 따른 강요나 심리적 압박은 무시한 채 피해자들이 더

조심스럽게 행동하고 성폭력 상황에서 적극적으로 저항할 것을 가르친다. 또한 대부분의 성교육은 남성과 여성의 생물학적 차이를 알고 성 지식을 쌓는 것을 목표로 한다. 그러나 성별에 따른 권력 구조, 가정과 일터에서의 성차별, 여성을 대상화한 성폭력 등의 문제는 생물학적 성별sex의 차이에 따른 것이 아니라 사회적 성별gender에 기반을 둔 성별 고정관념에 의해 생기는 것이다.

학교는 관습적인 성 역할 고정관념을 재생산하는 대표적인 공간이다. 교과서 지문이나 삽화에서 여성은 요리하거나 청소 등 가사노동을 전담하는 모습으로 묘사되는 반면, 남성은 정장을 입고 사무실에서 일하거나 전문적인 복장을 갖추고 도구를 활용하는 모습으로 나타난다. 게다가 학교와 관련된 안내나 홍보들은 보호자 중 주로 엄마들에게 전달됨으로써 학생들은 남녀의 고정적인 성 역할 인식을 자연스럽게 내면화한다. 여전히 체육 시간에 남학생은 축구를, 여학생은 피구를 하며, 무거운 짐을 들 때는 자연스럽게 남학생들이 호출된다. 여학생들은 꼼꼼하게 색칠하거나 조작 활동을 잘해야 할 것만 같고 우악스럽거나 드세게 행동하면 '여자답지 못하다'며 비난받는다. 공을 잘 다루지 못하는 남학생들은 놀이 시간이나 점심시간에 동성 친구들과 잘 어울리지 못하고 교실 권력에서 멀어진다.

고착화된 성별 고정관념은 언어에 스며들어 혐오와 차별로 이어지기도 한다. 경기도의 한 초등학교 여학생들은 청와대 게시판에 "여학교를 여중이라고 하고, 남학교는 그냥 중학교라고 하는 것은 불평등하다"라는 청원글을 올렸다가, 그 글이 SNS를 통해 퍼지며 인근 학교 남학생들에게 '개념 없다', '여혐을 일으킨다' 등의 비난을 받고 글을 내린 적이 있다. 기울어진 모양에 의문을 제기하는 것조차 혐오와 차별의 원인이 되는 것이다. 성차별적 인식은 여성에 대한 혐오로, 이는 다시 남학생과 여학생의 첨예한 갈등으로 이어지며 사회의 심각한 문제로 떠오르고 있다.

성별 고정관념에 근거한 차별과 혐오가 여성에게만 향하는 것은 아니다. 서울시 학생인권조례에 '성적 지향에 따른 차별 금지' 조항이 포함되기까지 험난한 과정이 있었듯이, 최근 차별금지법 제정 과정도 비슷한 이유로 난항을 겪고 있다. 법안에 명시된 '성별 정체성'이라는 구체적인 차별 금지 기준을 문제 삼고 있는 것이다. 비슷한 논리로 '성평등 교육'이 아닌 '양성평등 교육'을 강조하는 분위기는 학교 내 성소수자 청소년을 소외하고 배제시킨다. 학교에서 이루어지는 다양한 발화 속 성소수자에 대한 차별과 혐오표현은 적극적으로 저지되지 않는다. 성소수자 청소년들은 학교와 교실에 존재하지 않는 것처럼 정체성 자체를 부정당한다.

성별과 관련된 혐오와 차별을 줄이기 위해서는 기존에 학교에서 해왔던 생물학적 성별에 대한 성 지식이 중심이 되었던 '성교육'이 아니라 사회적 성별gender에 기반을 둔 성별 고정관념을 다루고 성 의식을 확장하는 보다 포괄적인 '성평등 교육'이 필요하다.

본 주제에서는 먼저 여러 가지 단어 카드를 두고 각 단어들이 남성다움에 가깝게 느껴지는지 여성다움에 가깝게 느껴지는지 분류하고, 그렇게 생각한 이유를 이야기해 보며, 여성다움, 남성다움이 어떤 느낌인지 각자가 지닌 성별 고정관념을 나누어 본다. 이후 그림책 『여자 남자, 할 일이 따로 정해져 있을까요?』를 읽고서 성별 고정관념을 뛰어넘은 물고기들을 보고 어떤 생각이 들었는지, 그리고 이전에 자기가 받았던 성차별의 경험이 있는지 이야기하며 성별 고정관념이 각자의 삶을 얼마나 억압하고 있었는지 생각해 본다.

다음으로 남성과 여성이라는 이분법적 성별 구분을 뛰어넘은 다양한 결들을 상상해 보기 위해 『사랑해 너무나 너무나』를 읽고서 각자 느낀 생각을 나누어 본다. 나눈 이야기를 바탕으로 우리가 성별 고정 관념에 근거해 일상적으로 던지는 말들이 소수자를 향한 '혐오표현' 이 될 수 있고 그것이 곧 차별과 배제로 이어질 수 있음을 설명한다. 마지막으로 성별 고정관념을 뛰어넘은 '자기다움'을 보라색 색지에 자유롭게 표현해 봄으로써 '여자다움'이나 '남자다움'이 아닌 '나다움' 을 선언해 본다. 본 수업을 통해 성별을 뛰어넘은 '-다움'을 자유롭게 상상하고 서로의 존재를 있는 그대로 존중하는 경험을 나누기를 바란다.

[관련 인권 문서 및 법률 조항들]

- **세계인권선언**(Universal Declaration of Human Rights, 1948)
  제2조 모든 사람은 인종, 피부색, 성, 언어, 종교, 정치 또는 그 밖의 견해, 민족 또는 사회적 출신, 재산, 출생, 기타의 지위 등에 따른 어떠한 종류의 구별도 없이, 이 선언에 제시된 모든 권리와 자유를 누릴 자격이 있다.

- **경제적, 사회적 및 문화적 권리에 관한 국제규약**(International Covenant on Economic, Social and Cultural Rights, A규약, 1966)
  제3조 이 규약의 당사국은 이 규약에 규정된 모든 경제적, 사회적 및 문화적 권리를 향유함에 있어서 남녀에게 동등한 권리를 확보할 것을 약속한다.

- 시민적 및 정치적 권리에 관한 국제규약(International Covenant on Civil and Political Rights, B규약, 1966)

  제3조 이 규약의 당사국은 이 규약에 규정된 모든 시민적 및 정치적 권리를 향유함에 있어서 남녀에게 동등한 권리를 확보할 것을 약속한다.

- 여성에 대한 모든 형태의 차별 철폐에 대한 협약(Convention on the Elimination of All Forms of Discrimination against Women, 1979)

이렇게 진행해 보세요

❑ **중심 활동**
- '여자다움', '남자다움'과 관련된 고정관념 나누기
- 그림책『여자 남자, 할 일이 따로 정해져 있을까요?』함께 읽고 자신이 겪은 성차별의 경험 나누기
- 그림책『사랑해 너무나 너무나』함께 읽기
- 성과 관련된 차별의 언어/혐오표현 생각해 보기
- '나다움' 표현하기

❑ **우리가 고른 그림책**

- 『여자 남자, 할 일이 따로 정해져 있을까요?』, 나카야마 치나쓰 글, 야마시타 유조 그림, 고래이야기

무엇이 '이상한가?' 우리가 어떤 장면을 보고 '이상하다'라고 여기는 건 그것이 실제로 이상하기 때문인 걸까, 혹은 이상하다고 '배워 왔기' 때문인 걸까? 너무나 당연하다고 생각했던 남녀의 위치를 거꾸로 생각해 보자. 명절 때 부엌과 거실에 있는 사람들의 성별을, 운동장에서 축구장과 피구 라인을 차지하는 학생들의 성별을, 외과 병원에서 의사와 간호사의 성별을, 서로 다른 표현을 하는 노랫말을 부르는 아이돌의 성별을.

우리가 고른 이 그림책은 화장을 안 하고 머리가 짧은 이모가 조카에게, 바다를 탐험하며 다양한 물고기들을 만나면서 던지는 질문들

로 채워져 있다. 남자가 알을 돌보는 물고기가 이상한 걸까? 어릴 땐 모두 남자였다가 가장 크게 자라는 녀석이 여자가 되는 물고기는 이상한 걸까? 옆구리에 작은 남편을 붙이고 다니는 여자 물고기는 어떤가? 바다 탐험을 끝낸 소년은 앞치마를 두르고 돈가스를 해 주는 이모부가 이젠 전혀 이상하게 느껴지지 않는다.

"이상해!"라는 아이의 말에서 우리가 어릴 때부터 지녀 왔던 성별 고정관념이 매우 적나라하게 드러나는 재미있는 그림책이다.

- 『사랑해 너무나 너무나』, 저스틴 리처드슨·피터 파넬 글, 헨리 콜 그림, 담푸스

뉴욕의 한 동물원에서 실제로 있었던 일이다. 로이와 실로라는 수컷 펭귄이 서로 사랑하며 부부로 살다 탱고라는 아기 펭귄을 입양해서 가족을 만드는 아름다운 이야기다. 로이와 실로가 사랑을 하는 과정도, 그리고 사랑을 하고 있는 이성 커플을 관찰하며 알을 품고 아기 펭귄을 키우는 방법을 익히는 과정도 섬세하고 아름답다. 사랑에 대해 정상성을 논하고 품격이나 위계를 따지는 것이 가당키나 한 걸까. 로이와 실로에게 배타적으로 굴지 않고 다만 존중하는 다른 펭귄들의 모습이나 이들을 지지하고 돕는 동물원 사람들의 모습을 보면, 우리 사회는 어떤지 돌아보게 된다.

❑ 준비물
- 낱말 카드, 포스트잇, 색연필, 책갈피 크기의 보라색 머메이드지,

매직, 펀치, 지끈
- 그림책 『여자 남자, 할 일이 따로 정해져 있을까요?』, 『사랑해 너무나 너무나』

❏ 활동 길라잡이

- '여자다움', '남자다움'과 관련된 고정관념 나누기(활동 시간: 15분)
- 성 역할을 떠올릴 수 있는 다양한 단어 카드를 준비한 후, 각각의 카드들이 남자다움과 여자다움 중 어디에 해당하는지 분류해 보기(활동 자료 참고).
  ▶ 그 외에 남자나 여자를 떠올리는 말이나 단어들은 무엇이 있나요?
  ▶ '여자다움'과 '남자다움'에 놓인 낱말들은 어떤 차이가 있나요?

tip
분류하기 애매한 단어 카드는 중간에 놓거나 따로 칸을 마련해 놓을 수 있다.

- 그림책 『여자 남자, 할 일이 따로 정해져 있을까요?』 함께 읽기
  (활동 시간: 15분)
- 『여자 남자, 할 일이 따로 정해져 있을까요?』를 읽고 이야기 나누기
    ▶ 이 그림책의 제목은 무엇일까요?
    ▶ 이모는 어떤 사람인 것 같나요?
    ▶ 기억에 남는 물고기와 그 이유는 무엇인가요?
    ▶ 여자가 할 일과 남자가 할 일이 따로 정해져 있을까요?
    ▶ "너는 남자인데/여자인데 ~해서 이상해!"라는 말을 들었던 경험이 있나요?
    ▶ 그런 말을 들었을 때 어떤 기분이 들었나요?

> **tip**
> 2009년 초판의 제목은 『이상해』였는데, 2018년 개정판에서 『여자 남자, 할 일이 따로 정해져 있을까요?』로 제목이 바뀌었다. 개정판의 제목은 그림책의 주제를 직접적으로 드러내고 있으므로, 그림책을 전부 읽고 난 후 제목을 추측하는 활동을 해 볼 수 있다.

- 그림책 『사랑해 너무나 너무나』 함께 읽기(활동 시간: 15분)
- 『사랑해 너무나 너무나』를 읽고 이야기 나누기
    ▶ 로이와 실로가 없었다면 탱고는 어떻게 되었을까요?
    ▶ 탱고에게 로이와 실로는 어떤 존재일까요?
    ▶ 조련사 그램지 씨는 로이와 실로를 보고 어떻게 생각했나요?
    ▶ 로이와 실로를 조련사가 억지로 떼어 놓으려 했다면 어땠을까요?
    ▶ 펭귄들이 로이와 실로의 사랑을 이해하지 못하고 못살게 굴었

다면 어땠을까요?
▶ 꼭 여자와 남자 펭귄만 아이를 키울 수 있을까요?
▶ 관련 영상 함께 보기: 그림책 『사랑해 너무나 너무나』에 나오는 이야기처럼 호주 시드니 수족관에서 두 마리의 수컷 젠투 펭귄이 알을 품고 부화시켜 새끼 젠투 펭귄이 태어났다고 해요! 그림책을 읽고 관련 영상을 함께 볼 수 있어요.

• 일상 속 성과 관련된 차별의 언어 이야기 나누기(활동 시간: 15분)
〈단체 SNS 채팅방〉
숙희: 야, 아까 학교 끝나고 종범이랑 기훈이 손잡는 것 봤어?
상진: 말도 마. 개네 수업 시간에 눈 마주치고 키득거리는 게 얼마나 꼴사나운데.
미자: 아, 진짜 더러워….
수혁: 완전 이상해, 종범이는 진짜 여자애 같지 않냐.
숙희: 그니까. 찐따들. 그러니까 친구가 없지. ○○야, 너는 왜 말이 없어?
○○: (   )

- 포스트잇 두 장에 질문에 대한 답을 적어 본다.
  ▶ (질문 1) 기훈이와 종범이는 이런 말을 듣는다면 어떤 기분이 들까요?
  ▶ (질문 2) 나라면 어떻게 대답할 것 같나요?
  ▶ 이런 대화와 분위기가 학교 전체에 퍼진다면 어떤 문제가 생길까요?

- ▶ 어떤 사람이 가진 고유한 정체성을 부정하거나 차별하는 표현을 '혐오표현'이라고 합니다.
- ▶ 일상생활에서 성과 관련된 차별이나 혐오표현을 해 보거나 들어 본 적이 있나요?

  (예) 여자가 조신해야지, 남자는 태어나서 세 번만 울어야 해, 여자가 돼 가지고 로봇을 좋아하니, 남자가 주방 들어오면 꼬추 떨어져, 게이야, 레즈야 등.

- ▶ 혐오표현은 한 집단에 대해서 가지고 있는 고정관념이나 편견을 바탕으로 생겨납니다. 특히 사회적인 약자나 소수자를 대상으로 하는 경우가 많습니다. 이러한 성차별이나 혐오표현은 개인의 다양성을 무시하며 각자 자기답게 살아가는 것을 가로막습니다. 또한 혐오표현이 번지면 물리적인 차별이나 배제로 이어질 수 있습니다.
- ▶ 이렇게 성차별이나 혐오표현으로부터 약자의 권리, 나의 권리, 우리의 권리를 지키기 위해 교실을 포함한 일상생활에서 우리는 무엇을 할 수 있을까요?
- ▶ **관련 영상 함께 보기**: 차별적 표현이라고 생각하지 못했지만, 일상 속에서 무심코 하는 말들이 '혐오표현'일 수 있어요. 어떤 말들이 차별의 말이 될 수 있는지 아이들과 나누어 볼 수 있어요.

- '나다움' 표현하기(활동 시간: 20분)
- 보라색(혹은 무지개색) 책갈피에 '자기다움'을 설명할 수 있는 것을 적어 보기
  - ▶ 각자 보라색(혹은 무지개색) 책갈피에 '여성다움', '남성다움'의

굴레를 벗어나 '자기다움'을 설명할 수 있는 것들을 자유롭게 적고 발표해 봅시다.

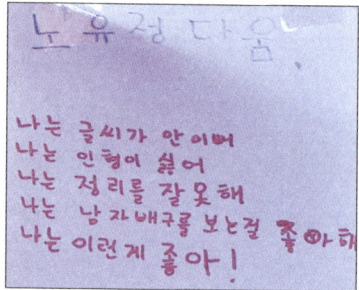 

tip
국제적으로 보라색은 '세계 여성의 날'을 의미하는 색으로 정당성과 자존감을 의미합니다.

❑ 활동 자료

성별 고정관념 낱말 카드

다소곳하다	용감하다	친절하다
요리	레고	인형놀이
울면 안 된다	모험적이다	부드럽다
축구	춤	조립하기
꼼꼼하다	강인하다	피아노 연주
깔끔하다	연약하다	적극적이다
힘이 세다	감정적이다	논리적이다
공감을 잘한다	귀엽다	간호사
조종사	피구	농부

❏ 읽기 자료

누가 여성이고 그것은 누가 정하는가

언어의 개념은 임의적, 임시적이다. 특히 성별性別 이슈를 다루는 이 글은 작은따옴표가 점철되거나 생략된 비문非文이다.

어떤 여성이 여자대학에 합격했으나 여성의 반대로 입학이 좌절되었다. 전자는 트랜스젠더 여성이고, 후자는 비非트랜스젠더 여성이다. 일부 비트랜스젠더 여성은 트랜스젠더 여성은 여성이 아니라며 그녀에 대한 혐오 발언을 쏟아냈고, 대학 당국은 방관했다. 심지어 성별 정정을 허가해 준 법원을 상대로 헌법소원을 제기하자는 의견까지 나오고 있다.

묻고 싶다. 당신은 여성이고 그녀는 여성이 아닌지. 그 기준은 누가 정한 것인지. 해부학? '여성·남성으로 태어나는 것이 아니라 만들어진다'는 일시적 구호이다. 생물학'적' 이유로 차별당해서는 안 된다는 의미다. 그러나 여기서 말하는 생물학조차 과학적이지 않다. 모든 이들은 '사람'으로 태어날 뿐인데, 가부장제 사회에서만 인간을 '정상적인 남녀'로 구별한다. 즉 여성으로 태어나는 것이 아니다. 표시되는 것뿐이다. 성별은 없다. 억압받는, 그리고 억압하는 성별이 있을 뿐이다.

여성은 실체도, 실재도 아닌 지배 규범('성 역할 사회화')의 산물이다. 어느 사회에서나 특정한 여성만 여성으로 간주된다. 나이, 인종, 계급, 외모, 직업 등에 따라 여성의 개념은 유동적이다. 우리 사회에서 아줌마는 제3의 성이고, 나이 들고 뚱뚱한 데다 옷차림이 추레한 여성이 짐을 들고 돌아다니면 '노숙인, 좀도둑,

정신질환자'로 간주되기 쉽다.

여성주의 사상의 핵심은 '차이'이고, 이는 현대 철학 전반에 압도적인 영향력을 끼쳤다. 여성이라고 간주되는 집단 내부의 차이. 흑인 노예 여성과 백인 중산층 여성은 성별보다 인종의 차이가 더 크다. 이 때문에 정체성의 정치에서 출발한 여성주의는 진정한 여성이라는 허명으로 다른 여성을 차별, 배제, 타자화하기도 한다. 정체성正體性은 "우리는 같다"는 팩트가 아니다. 오히려 같지 않기 때문에 동일시同一視—'여성임을 자각'—과정이 필요하다. 그러나 이것이 여성주의의 전부는 아니다.

이제까지 현모양처, '예쁜 여성' 등 여성의 기준은 남성 문화가 정했다. 트랜스젠더 여성 혐오 사태는, 여성이 남성을 대신해서 누가 여성인지를 정하겠다는 발상이다. 일단, 이 '진정한 여성' 기획은 불가능하다. 오랜 역사를 거쳐 구성된 여성 개념은 이미 '오염'된 것이기 때문이다.

성기는 작은 차이다. 작은 다름을 본질로 만드는 것, 그것이 권력이다. 자궁이 있어서 출산을 하고 저절로 육아 전문가가 된다면, 성대가 있는 사람은 모두 오페라 가수가 되어야 하는가. 여자로 '태어났다고 해서', 저절로 여성이나 여성주의자가 되는 것이 아니다.

여성가족부의 영어 명칭은 'Ministry of Gender Equality and Family'다. 젠더가 여성으로, 여성이 양성평등으로 '편의상' 오역된 것이다. 자연과학에서 인간은 남성과 여성으로 뚜렷이 구분되지 않는다. 자웅동체雌雄同體, 양성구유兩性具有, 간성間性·intersex 등 다양한 형태의 성별이 존재한다. 국민건강보험공단에 따르면, 간성과 관련된 남성의 여성화를 촉진하는 클라인펠터증후군을 보이는 아기가 매년 400~500명 정도 태어난다. 『조선왕조실록』에도 사방지舍方知라는 실존 인물에 대한 기록이 남아 있다. 어떤 이들은 사춘기, 임신, 사망 시 양성구유였다는 사실이 드러나기도 한다.

이성애 제도는 인간을 남녀로 구별하기 위한 강력한 장치다. 이성애는 자연의 법칙이 아니다. 동성애, 무성애無性愛, 범성애凡性愛 등 인간의 성적 실천은 다양하고, 이에 따라 성별 정체성도 달라진다. 성별은 본디 정해진 것이 아니므로, 사회적 강제를 거부하고 개인이 선택할 수 있다.

트랜스젠더 여성은 여성이 아니다? 그들이 여성의 인권을 빼앗아간다? 여성 우선 페미니즘? 누구도 타인의 성별을 규정할 수 없다. 이제까지 여성운동은 민족·민중·시민 등의 개념을 독점하면서 인권의 위계에 따른 순서("여성 문제는 나중에")를 주장해 온, 남성 중심의 사회운동에 저항해 왔다. 여성주의가 진짜 여성과 가짜 여성을 구별하고 배제에 앞장선다면, 그런 여성주의가 왜 필요할까.

출처: [정희진의 낯선 사이] 누가 여성이고 그것은 누가 정하는가, 경향신문(2020. 3. 10).

❏ 함께 보면 좋은 그림책들

꽁치의 옷장엔 치마만 100개
이채 글, 이한솔 그림, 리젬

최고 빵집 아저씨는
치마를 입어요
길상효 글, 이석구 그림, 씨드북

원피스를 입은 모리스
크리스틴 발다키노 글,
이자벨 말랑팡 그림, 키다리

여자와 남자는 같아요
플란텔 팀 글,
루시 구티에레스 그림, 풀빛

야, 그거 내 공이야!
조 갬블 글·그림, 후즈갓마이테일

빨강
마이클 홀 글·그림, 봄봄출판사

뜨개질하는 소년
크레이그 팜랜즈 글,
마가렛 체임벌린 그림, 책과콩나무

평등한 나라
요안나 올레흐 글,
에드가르 봉크 그림, 풀빛

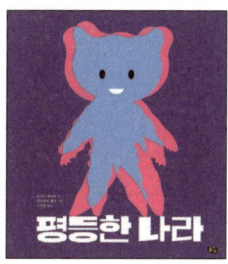

메리는 입고 싶은 옷을 입어요
키스 네글리 글·그림, 원더박스

❏ 함께 읽으면 좋은 책들

우리에겐 언어가 필요하다
이민경 지음, 봄알람

우리는 모두 페미니스트가 되어야 합니다
치마만다 응고지 아디치에 지음, 창비

맨박스
토니 포터 지음, 한빛비즈

페미니즘의 도전
정희진 지음, 교양인

당신이 계속 불편하면 좋겠습니다
홍승은 지음, 동녘

아리스토텔레스와 단테, 우주의 비밀을 발견하다
벤하민 알리레 사엔스 지음, 돌베개

❏ 영화 및 영상 자료

루스 베이더 긴즈버그: 나는 반대한다
2018, 미국

캐롤
2015, 미국

불온한 당신(다큐멘터리)
2015, 한국

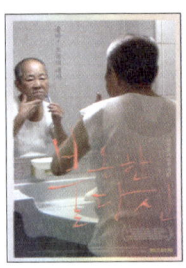

6.

장애

> *"누구나 편하고 안전하게
> 이동할 수 있는 우리 마을"*

예전에 근무하던 학교에서 학생들과 함께 외부 활동으로 서해 갯벌에 갔을 때였다. 각자 무리를 지어 옹기종기 조개를 잡거나 갯벌의 흙을 던지거나, 뒹굴며 재미나게 놀고 있었다. 아이들이 놀던 옆에는 요트를 타러 오신 분들이 준비 중이었다. 그분들 중에는 휠체어를 타신 분들도 있었다. 휠체어 타신 분을 본 한 아이가 갑자기 "장애인이다"라며 다른 아이들이 몰려 있는 쪽으로 외치며 뛰어갔다. 아이들은 신기한 것을 발견했다는 듯이 "어디? 어디?" 하며 찾으러 다녔다. 갑작스러운 상황에 너무 놀라 아이들에게 그만하라고 소리치며 다시 우리가 놀던 장소로 데리고 오느라 그분들께 제대로 된 사과도 못 하고 온 기억이 있다.

장애인을 보고 신기하다는 듯이 말하는 아이들의 모습에 머리를 망치로 맞은 듯했다. 그동안 아이들과 함께 더불어 사는 삶에 대해, 어떤 삶을 살아야 하는지 이야기를 나누었다고 생각했는데…. 순간 힘이 쫙 빠지며 '그동안 난 무엇을 한 거지?'라는 허무함이 물밀듯이 몰려왔다. 이후 학교로 돌아가 '장애' 수업을 진행했지만 계속해서 그때의 허무함은 남아 있었다.

이후 '시민모임즐거운교육상상(이하 상상)'에서 활동을 하며 다시 인권을 만나면서도 '장애'라는 말이 나올 때면 그때 상황이 떠올라 창피하기도 하고, 마음을 누르는 무거운 무엇이 있어 늘 불편했다. 그러던 중 상상에서 진행한 '장애' 관련 강의를 듣게 되었다.

영어로 장애를 '할 수 없게 된disabled'이라는 수동태로 표현하는 것은 이미 그 맞은편에 '할 수 없게 만드는disabling' 작용을 가하는 무언가가 있다고 볼 수 있다. 장애인들은 그들 자체가 무언가를 할 수 없는 존재가 아니다. 할 수 없게 만들어진 존재라는 것. 그들이 무언가를 할 수 없게 만드는 것이 바로 '비장애인 중심의 사회'라는 것이다. 장애인은 개별화된 생물학적 존재가 아니라, '인간은 사회적 동물이다'라는 명제 속에서 파악해야 하는 사회적 존재로서의 장애인이다!

이런 강의 내용에 나에게 남아 있던 무거운 마음이 조금은 가벼워졌다. 버스를 타지 못하는 이유가 휠체어를 타고 있기 때문이 아니라 휠체어를 실을 수 있는 저상버스가 없기 때문이라고 인식을 전환해야 한다는 것이다. 장애인이 자신의 장애 때문에 무엇인가를 하지 못하는 세상이 아니라, 장애가 있음에도 불구하고 그 장애에 구애받지 않고 하고자 하는 일을 할 수 있게 만드는 사회적 노력이 필요하다는 것이다.

여기서는 장애인을 대하는 우리들의 시선을 돌아보게 하는 애니메이션 〈별별 이야기 2-세 번째 소원〉과 장애인 이동권 투쟁의 역사를 살펴볼 것이다. 이 과정에서 우리가 생각하는 장애와 장애인 당사자들이 생각하는 장애가 어떻게 다른지 이야기를 나누어 볼 것이다. 또 일상생활에서 우리에게는 아무런 문제가 되지 않는 사소한 것들이 장애인들에게는 목숨을 걸어야 하는 위험한 무기가 될 수 있다는 점도 생각해 볼 것이다. 그런 다음 아이들과 직접 밖으로 나가서 안전하지 못하고 불편한 우리 주변의 환경들을 찾아보고 여기에 경고장을 날려 보려고 한다. 우리 모두가 편안하고 안전한 환경을 만들기 위하여! 마지막으로 그림책 『위를 봐요!』를 통해 장애인, 비장애인 이분법적인 사고에서 벗어나 더불어 사는 사회의 동등한 구성원으로서 장애를 어떻게 바라보아야 할지 생각해 보는 시간을 가질 것이다.

들어가기 전에 유의할 표현이 있다. 우리는 흔히 '장애를 극복해야 한다'는 말을 하는데, 장애를 '극복'해야 하는 일로 보게 되면 자칫 장애와 질병을 구분하지 못하게 되고 장애를 개인적인 문제로 국한하게 된다. 이런 인식은 장애와 관련된 사회구조적인 문제를 개인의 문제로 왜곡하거나 축소시키는 위험이 있어서 사용에 유의해야 한다.

[관련 인권 문서 및 법률 조항들]

- 장애인 권리 선언(The Declaration of the Rights of Disabled Persons, 1975)

- 장애인 권리 헌장(1999)

  장애인은 모든 인간이 누리는 기본 인권을 당연히 누려야 하며 그 인격의 존엄성은 충분히 존중되어야 한다. 장애인이라는 이유로 같은 시대의 같은 사회의 다른 사람이 누리는 권리, 명예, 특전이 거부되거나 제한되어서는 아니 된다.

- **교통약자의 이동편의 증진법**

  목적: 이 법은 교통약자交通弱者가 안전하고 편리하게 이동할 수 있도록 교통수단, 여객시설 및 도로에 이동편의시설을 확충하고 보행환경을 개선하여 사람 중심의 교통체계를 구축함으로써 교통약자의 사회 참여와 복지 증진에 이바지함을 목적으로 한다.

이렇게 진행해 보세요

❏ 중심 활동
- 영화 〈별별 이야기 2-세 번째 소원!〉 함께 보기
- 장애인 이동권 보장을 위한 투쟁 알아보기
- 누구나 편하고 안전하게 이동할 수 있는 우리 마을 만들기 활동
- 『위를 봐요!』 함께 보기

❏ 우리가 고른 그림책

- 『위를 봐요!』, 정진호 글·그림, 은나팔

어느 날 문득 하늘을 올려다본다. 파란 하늘이 있고, 햇살이 있다고 생각한 곳에 사람이 있다. 그 아이와 눈을 마주치기 위하여 아이는 바닥에 눕는다. 그리고 길을 지나가는 다른 이들도 따라서 바닥에 눕는다. "위를 봐요!"라고 외치는 아이! 사세히 관찰하고 공감하고, 연대하며 무엇인가를 바꿔 나가는 아이의 모습처럼, 장애인 비장애인 모두를 위해 우리 주변의 환경들을 관찰하며 불편한 점을 바꿔 나가는 실천들과 노력을 고민해 본 활동을 잘 갈무리하기에 좋은 그림책이 아닐까 싶다.

❏ 준비물
- 스티커, 리본, 줄자, 편지봉투, 우표, 풍선

- 영화 〈별별 이야기 2-세 번째 소원!〉*
- 그림책 『위를 봐요!』

❏ 활동 길라잡이

- 영화 〈별별 이야기 2-세 번째 소원!〉 같이 보기(활동 시간: 20분)
- 줄거리

어느 날, 시각장애인인 명선에게 '소원실행위원회'의 요정이 세 가지 소원을 들어주겠다며 나타난다. 요정은 어서 소원을 이뤄 주고 일찍 퇴근하고 싶은 욕심으로 명선에게 빨리 소원을 얘기하라고 다그치지만, 명선은 눈이 다시 보이게 되는 것 외에 다른 소원은 필요치 않다. 어쩔 수 없이 명선의 하루에 동행하게 되는 요정. 요정은 처음에는 눈이 보이지 않는 명선이 답답하기만 한데, 점점 마음의 문을 열게 되어 명선의 입장에서 생각하게 된다. 엉겁결에 두 가지 소원까지 날아가 버리고, 이제 마지막 소원 하나만 남은 상황. 명선은 무슨 소원을 부탁할지 고민하며 밝은 길을 걸어간다.

출처: 국가인원위원회 인권교육센터

* 국가인권위원회 교육센터 홈페이지에서 신청 시 DVD 무료 대여 가능.

- 영화 보기 전 질문
▶ 어느 날 나에게 요정이 나타나 소원을 이루어 준다고 한다면 난 어떤 소원을 빌고 싶나요?

- 영화 보고 난 후 질문
▶ 세 번째 소원으로 무엇을 빌었을까요?
▶ 명선 씨는 두 번째 소원으로 "새 신발을 갖게 해 달라"고 합니다. 그러자 요정은 "보이지도 않는데 왜 그런 소원을 말하는지 모르겠다"라고 하면서 소원을 들어줍니다. 명선 씨는 왜 두 번째 소원으로 새 신발을 갖게 해 달라는 소원을 말했을까요?
  ※ 장애인이나 비장애인 모두 같은 감정과 욕망, 같은 마음을 가지고 있다는 이야기가 자연스럽게 나올 수 있으면 된다.
▶ 영화 장면 중에서 어떤 장면이 가장 기억에 남았나요?

> **tip**
> 영화에 대해 토론 수업을 진행하고 싶다면 국가인권위원회 교육센터-인권지식터-인권문화콘텐츠-활용 가이드(별별 이야기 2-학습지도안)를 이용해도 좋다.

- **장애인 이동권 보장을 위한 투쟁(활동 시간: 15분)**
- 장애인 이동권 보장을 위한 투쟁 과정 살펴보기(PPT 자료*)
  ※ 장애인 이동권 투쟁의 과정이 다른 사람들의 동정과 시혜를 요구한 것이 아니라 인권을 요구한 정당한 권리 투쟁이었다는 점에 유의한다.

---

* 활동 자료 1 〈장애인 이동권은 불복종과 저항으로 얻은 권리〉(PPT 자료).

- '누구나 편하고 안전하게 이동할 수 있는 우리 마을!'(활동 시간 30분)
- 활동 자료 〈이런 위험이 있어요〉(PPT 자료*) 같이 살펴보기
  ▶ 각 사진에서 이동하는 데 어떤 종류의 방해 또는 위험이 있는지 찾아보세요.
- 누구나 편하고 안전하게 이동할 수 있는 우리 마을 만들기
  ▶ 지하철 혹은 버스 정류장에서 학교 또는 지역아동센터까지 오는 길을 함께 걸으며 장애인이 이동할 때 방해가 되는 것들을 찾아 스티커를 붙이거나 리본을 묶어 둔다.

교차로에서 방향 표시 블록이 없는 길

계단을 올라가야 있는 엘리베이터

턱이 있는 입구

  ▶ 이동하는 데 방해가 되었거나 위험했던 것 중에서 가장 기억에 남는 것들과 꼭 개선했으면 하는 사항에 관해 이야기 나누기
  ▶ 개선이 필요한 것을 지역의 불편신고 앱을 통해 접수하거나 지방자치단체장에게 개선을 요구하는 편지글 쓰기
    ※ 지방자치단체별로 운영하고 있는 불편신고 웹 페이지 또는 스마트폰 앱 등을 이용해서 활동 후 바로 실천하는 경험을 해 보아도 좋다.

---

* 활동 자료 2 〈이런 위험이 있어요〉(PPT 자료).

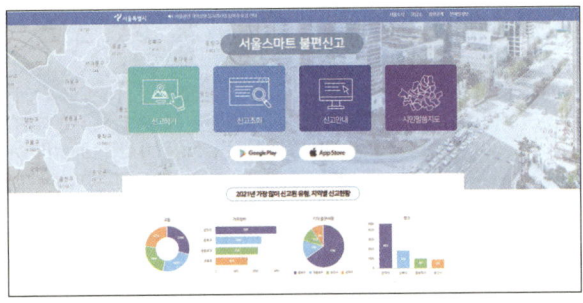

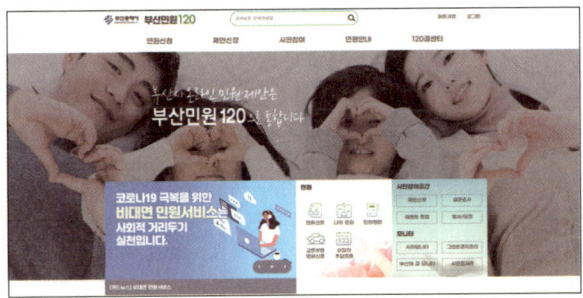

- 위를 봐요!-장애(활동 시간: 5분)
- 그림책 『위를 봐요!』 함께 읽고 이야기 나누기
    ▶ 장애인과 비장애인이 서로 어떻게 연대할 수 있을까요?
    ▶ 어느 날 건물에 불이 났습니다. 화재 상황을 알리는 방법에는 무엇이 있을까요?
    ▶ 화재 발생 시 시각장애인, 청각장애인, 휠체어를 사용하는 장애인에게 어떤 방식으로 알릴 수 있을까요?

❏ **활동 자료 1**

장애인 이동권 보장을 위한 투쟁

| 장애인 이동권은
불복종과 저항으로 얻은 권리 |

장애인 이동권 투쟁이 여러 가지 의미에서 한국 인권운동에 이바지한 면이 많습니다. 첫 번째는 헌법재판소도 부정한 이동권이라는 것을 만들어 낸 것입니다. 헌법재판소는 이동권이 기본권이 아니라고 부정했는데, 장애인들이 치열한 투쟁으로 만들어 냈어요. 두 번째는 진보운동이 잘못된 것을 깨우쳐 줬어요.
 −8회 전국장애인운동활동가대회에서 인권운동가 박래군 발언 중*

1. 어디일까요?
 − 지하철? 기찻길?
2. 어떤 상황일까요?
 − 앞에는 검정 구두를 신은 여러 사람과 한 분이 엎드려 쳐다보고 있다.
 − 뒤편에 휠체어를 탄 사람이 보인다.
3. 뒤에 있는 보드판의 글씨가 보이나요?
 − 추락참사 책임/철도청장 사퇴/노들장애인
4. 무엇을 주장하고 있을까요?**
 − 안전, 떨어지지 않도록 해 달라.

질문
1. 누가 무엇을 요구하고 있는 것일까?
 − 장애인들이 버스를 타고 싶다고 한다.
2. 왜 이런 요구를 하게 되었을까?
 − 그 이야기를 시작해 보려고 한다.

이야기의 시작***은 2001년 1월 22일 오이도역 리프트를 사용하여 이동하던 장애인이 추락하여 사망하는 사고가 발생하였다.

이후로도 목숨을 걸고 타야 하는 리프트

---

* 장애인 이동권은 불복종과 저항으로 얻은 권리 http://beminor.com/detail.php?number=4036 참고.
** 〈최옥란, 그녀, 살다〉 https://blog.naver.com/newsbeminor/110146875980
*** 장애인이동권투쟁 영상, 전국장애인차별철폐연대 https://www.youtube.com/watch?v=yGVTZIZgzi4

장애인들은 집 밖을 나서기 전전날 비가 왔는지, 비가 왔다면 물웅덩이는 없는지, 가고 싶은 곳의 문턱은 없는지, 엘리베이터는 있는지, 지하철에는 엘리베이터가 설치되어 있는지, 엘리베이터는 지상과 쉽게 연결되어 있는지… 등등 많은 상황을 염두에 두어야 한다. 비장애인에게는 버스를 타기 위해서는 버스카드 들고 정류장으로 가면 되는 간단한 일이라서 생각해 본 적도 없는 요구인데, 장애인들은 많은 시간과 준비가 필요하고, 갈 수 있을지 없을지를 생각해야 한다. 단순히 '버스를 타고 싶다!'라는 이들의 외침이 너무한가?

장애인들의 요구는
- 전 역사 엘리베이터 설치
- 저상버스 도입

다시 말해 장애인, 비장애인 모두 '원하는 곳으로 이동하려 할 때 불편함 없이 움직이는 것!'을 요구하였다.

장애인의 이동권 투쟁을 보며 "시민을 볼모로 이래도 되는 거냐?"라거나 "법을 바꿔!"라는 말을 듣기도 했다. 시민으로서 장애인들은 한강 다리를 배로 기어서, 지하철 선로를 막아서, 사슬로 몸을 엮어 지하철 운행을 방해하면서까지 이동권 투쟁을 했다. 법을 바꾸기 위해서는 법을 만드는 국회의원 선거 때 투표를 해야 하는데, 이도 쉽지 않다.

이동이 자유롭지 않은데 어떻게 투표장에 갈 수 있을까? 모두가 가진 투표권을 행사하는 데에도 장애가 너무 많았다.

장애인 이동권 투쟁을 통해 저상버스가 도입되고 지하철역에는 엘리베이터가 설치되었다. 이 엘리베이터는 장애인만 이용할까?

내가 가고 싶은 곳을 자유롭게 갈 수 있는 우리의 권리! 신체의 자유!

❏ 활동 자료 2

　이런 위험이 있어요(PPT 자료)

무엇이 이동에 방해가 될까?
- 장애인 주차구역에 놓인 이동식 주차금지 표시

무엇이 이동에 방해가 될까?
- 시각장애인 점자판 위에 놓인 볼라드

무엇이 이동에 방해가 될까?
- 엘리베이터가 없는 육교

무엇이 이동에 방해가 될까?
- 지하철의 망가진 점자 손잡이

무엇이 이동에 방해가 될까?
- 점자 블록을 막고 있는 버스 정류장

무엇이 이동에 방해가 될까?
- 쓰레기와 여러 가지 물품이 가득 찬 장애인용 화장실

무엇이 이동에 방해가 될까?
- 휠체어 이동이 어려운 계단

무엇이 이동에 방해가 될까?
- 턱이 있어 휠체어 이동이 어려움

무엇이 이동에 방해가 될까?
- 입구가 좁아 들어가기 힘든 장애인용 화장실

❏ 읽기 자료

[박래군의 인권 이야기]
인권을 진전시키는 장애인들에게 박수를

　7월 1일은 역사에 기록해야 하는 날이다. 31년 만에 장애등급제가 폐지됐기 때문이다. 장애인들을 등급을 매겨서 서비스에 차등을 두어 왔던 제도다. 의학적인 판정에 의해서 등급이 결정되고, 그 등급에 따라서 장애인들의 서비스의 질과 정도가 달라지니까 장애인들은 등급을 받을 때면 장애가 더 심한 척, 연기라도 해야 했다.

　장애 등급이 낮아지면서 활동보조 서비스를 종일 받아야 했던 김주영, 송국현 씨는 화재로 죽어 갔다. 바로 옆에 있는 휠체어까지 이동하지 못했기 때문이었다. 오지석 씨는 호흡기가 빠져서, 권오진 씨는 사지마비 장애인이었는데 욕창이 번져서 죽어 갔다. 모두 이명박, 박근혜 정권 시절의 비극이었지만, 언제나 장애인들이 겪을 수 있는 일들이었다. 활동보조 서비스가 24시간 제공되었다면 죽지 않아도 될 생명들이었다.

　장애인을 '정육점의 고기처럼' 등급을 매기던 장애등급제도가 장애인들의 투쟁 10년 만에 폐지됐으니 환영할 만한 일인데, 이런 날 장애인들은 다시 거리 행진에 나섰다. 폐지는 됐으나 단계적 폐지이고, 어떤 경우는 도리어 서비스가 줄어들게 돼서다. 이유는 기획재정부가 장애등급제도가 폐지되는 것에 맞춰 예산을 배정하지 않고 있기 때문이다. 한국은 GDP 대비 사회복지 예산이 OECD 국가 중에 꼴찌를 기록한다. OECD 평균의 절반 수준

밖에 안 된다. 장애인 복지 예산은 3분의 1 수준이다. 과감하게 사회복지 예산을 더 늘려야 함에도 불구하고 이 정부의 사회복지 정책이 기획재정부의 균형재정 신념론자들에 의해서 가로막히고 있다. 과감한 재정 확대에 반대하는 기획재정부 장관인 홍남기 부총리를 만나 항의하겠다고 장애인들이 벼르고 있는 이유다.

이날 저녁에 나는 서울역에서 장애인 대오를 만났다. 조달청과 잠수교를 지나서 서울역까지 무려 8킬로미터의 거리를 행진하면서 "예산 반영 없는 장애등급제 단계적 폐지는 사기행각"이라는 등의 피켓을 들었다. 휠체어를 타거나 장애가 있는 몸으로도 같이 걸어오던 장애인들을 보았다. 그들은 2000년 이동권 투쟁에서부터 일관되게 거리에서 투쟁을 해 왔다. 그들이 거리에서 보낸 시간은 얼마나 될까? 가늠하기 힘들지만, 이 장애등급제 폐지를 위해서, 그리고 부양의무제 폐지를 위해서 광화문 지하도에서 1,825일, 무려 5년여를 농성하기도 했다. 그런 끝에 이 정부에 들어와서 장애등급제는 이번에 폐지되고, 부양의무제 폐지도 가시권에 들어왔다.

장애인들은 지난 2000년 거리를 점거하고 목에 철제 사다리를 걸고 쇠줄로 묶고 외쳤다. 이동권은 그렇게 우리 사회에 등장했다. 당시 헌법재판소마저 기본권이 아니라고 부정했던 그 이동권을 4년 뒤에는 법적인 권리로 승인을 받아 냈다. 그로부터 지하철 역사마다 엘리베이터가 들어서기 시작했고, 저상버스가 도입되었다. 장애인들이 전철을 점거하고, 버스를 점거할 때 욕을 해 대던 노인들이 가장 큰 혜택을 받았다. 그들은 활동보조서비스제도를 도입하기 위해서 2006년에는 한강대교 북단에서 노들섬까지 휠체어에서 내려 기어갔다. 겨우 1킬로미터 남짓한 거리, 성인의 걸음으로는 10분여 거리에 있는 그 거리를 그들은 5시간, 6시간을 기어서 갔다. 그만큼 그들에게는 절실한 권리였다. 2007년 활동보조서비스제도를 쟁취했다. 그들이 시설이 아니라 지역사회로 나와 살겠다면서 시설을 탈출하면서 탈시설의 권리가 점차 확장되고 있다. 그들이 투쟁으로 만들어 내는 일은 한둘이 아니다. 지금까지 해 온 것처럼 그들은 장애등급제를 진짜 폐지하리라 믿는다.

"우리가 가는 길이 역사다."

한때 그들, 투쟁하는 장애인들이 들었던 구호다. 이제 돌아보면 그들은 투쟁을 통해서 자신들의 권리를 하나하나 확보해 왔고, 그런 덕분에 비장애인들은 생각지도 못하게 권리를 향유하게 되었다. 장애인들이 거리에서 밤샘 농성을 하고, 몸을 내던진 투쟁을 해서 우리 사회의 인권을 진전시키고 있다. 그들이 만들어 가는 역사를 응원할 수밖에 없다. 그들에게 아낌없는 박수를 보낸다.

박래군 뉴스토마토 편집자문위원(pl3170@gmail.com)

출처: https://www.newstomato.com/ReadNews.aspx?no=905294

❏ 함께 보면 좋은 그림책들

민수야 힘내!
아오키 미치요 글,
하마다 케이코 그림, 한림출판사

내 다리는 휠체어
프란츠 요제프 후아이니크 글,
베레나 발하우스 그림, 주니어김영사

보이거나 안 보이거나
요시타케 신스케 글·그림, 토토북

그냥 물어봐!
소니아 소토마요르 글,
라파엘 로페즈 그림, 불의여우

털북숭이 형
심보영 글·그림, 그레이트북스

꽃이 피는 아이
옌 보이토비치 글,
스티브 애덤스 그림, 느림보

아빠, 미안해하지 마세요!
홍나리 글, 한울림스페셜

엄마는 너를 위해
박정경 글, 조원희 그림, 낮은산

모두가 행복할 권리 인권
바바라 피크자, 도라 씨스니 글,
티보르 카르파티 그림, 봄볕

6. 장애 133

❏ 함께 읽으면 좋은 책들

엘 데포
시시 벨 글·그림, 밝은미래

장애학의 도전
김도현 지음, 오월의봄

나, 함께 산다
장애와인권발바닥행동 기획,
서중원 기록, 오월의봄

실격당한 자들을 위한 변론
김원영 지음, 사계절

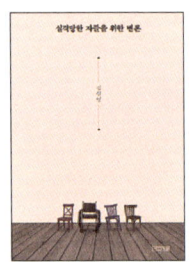

눈이 보이지 않는 사람은
세상을 어떻게 보는가
이토 아사 지음, 에쎄

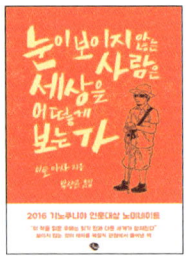

누구나 꽃이 피었습니다
김예원 지음, 이후

❑ 영화 및 영상 자료

미라클 벨리에
2014, 프랑스

친구들
2017, 한국

조제, 호랑이 그리고 물고기들
2003, 일본

장애인 이동권 투쟁보고서
-버스를 타자!
2003, 한국

장애인 차별의 역사에서
차별금지의 역사로!
2018, 한국

피플퍼스트
2016, 한국

- 차이나는 클라스: 질문 있습니다(139회) 〈같이 살자, 우리 모두〉(김예원 인권변호사 편)
  JTBC, 2019

- 지식채널e 〈할머니와 냉장고〉 유니버설 디자인 패트리샤 무어 이야기 EBS, 2014

- 지식채널e 〈럭셔리 버스〉 장애인 이동권 이야기 EBS, 2016

- 지식채널e 〈어느 퇴근길〉 시각장애인의 한 사건을 통해 들여다본 그들의 이야기
  EBS, 2006

- 드라마 〈글리(glee) 시즌 1, 09화 Dancing with myself〉

- 웹툰 〈나는 귀머거리다〉 라일라

7.

인종차별

"얘들아, 음표들이 서로 어울리면 되잖아"

1948년 UN에서 채택된 「세계인권선언문」은, 20세기 초 두 차례 세계대전 중에 벌어진, 감히 인간이 저질렀다고 상상하기 힘든 끔찍한 사건들에 대한 인류 전체의 반성문이라고 말할 수 있다. 특히 전쟁 중에 발생한 유대인 대학살, 점령지 포로들과 민간인에 대한 생체실험, 성노예화 등으로 인해 차별 항목들에서 인종과 피부색, 성이 「세계인권선언문」의 맨 앞에 오게 되었다.

모든 사람은 인종, 피부색, 성, 언어, 종교, 정치 또는 그 밖의 견해, 민족 또는 사회적 출신, 재산, 출생, 기타의 지위 등에 따른 어떠한 종류의 구별도 없이, 이 선언에 제시된 모든 권리와 자유를 누릴 자격이 있다.

세계인권선언문 제2조

하지만 선언문의 희망과는 달리, 70년이 지난 지금까지도 인종차별주의racism는 세계 곳곳에서 매우 심각한 인권 문제들을 낳고 있다. 최근 난민을 둘러싸고 벌어지는 국제적인 문제들은 인종차별주의의 또 다른 얼굴이다. 우리 사회도 예외는 아니다. 2018년 제주도에서 예멘 난민들의 법적 지위를 두고 벌어진 갈등은 우리 안에서 커지고 있는 인종차별주의의 위험신호이다.

인종차별주의는 어떤 신체적 특징(피부색, 생김새, 언어 등)이 고유한 문화를 만들며, 그 문화는 열등한 것과 우수한 것으로 구분된다는 오래되고 강력한 편견에 뿌리를 두고 있다. 우리는 미국과 유럽의 문화가 월등히 우수하기 때문에 동양이나 남미, 아프리카의 미개한 문화를 문명 세계로 개조해야 한다는 생각이 얼마나 많은 전쟁과 착취를 정당화했는지 알고 있다.

이런 편견은 한 사회, 공동체 내에서 아주 어린 나이 때부터 형성된다. 또 이렇게 형성된 편견은 쉽사리 깨지지 않는다. 그것은 생활 습관과 태도로도 자연스레 아이들에게 새겨지기 때문이다. 우리가 '항상' 일상에서 인종차별주의와 싸워야 하는 이유가 여기에 있다. 인종차별주의는 한 개인의 윤리적 태도와 편견이라는 문제를 넘어서 사회, 경제, 정치적인 문제들과도 연관되어 있다. 이런 측면에서, 인종차별주의를 부추겨서 누가 더 많은 기득권을 누려 왔고 누가 더 많은 고통을 감수해야 했는지를 역사적으로 살펴보는 것이 중요하다. 물론 이런 구조적인 문제는 여기서 다루지 못했지만 언젠가 다른 곳에서라도 함께 살펴보아야 할 일이다.

인종차별과 관련된 수없이 많은 역사적인 사례들이 있는데 그중에서 미국의 흑인에 대한 인종차별과 이에 맞선 운동을 활동의 소재로 삼은 이유는 그림책 『니나』가 무척 좋은 길잡이가 될 수 있었기 때문이다. 미국의 유명한 재즈 가수 니나 시몬이 어린 시절에 겪은 인종차별의 경험과 생각을 담은 그림책 『니나』를 같이 보고, 니나 시몬의 시선에 바라본 인종차별에 대해 각자 어떤 생각과 느낌이 들었는지 이야기를 나누는 활동을 통해 차별을 당한 당사자의 마음을 헤아려 보는 시간을 갖도록 했다.

그림책이 문학적이고 감성적인 소재라면 이어서 진행되는 활동은 역사적 사실을 바탕으로 흑인 인종차별에 대한 이해를 돕는 소재를 이용한 활동이다. 당시 흑인 인종차별의 실상을 사실적이면서도 극적으로 담은 보도 사진들을 아이들에게 제시하고 '인종차별을 고발하는 신문 기사를 작성해 보는 활동'을 했다. 타임머신을 타고 사진이 찍힌 시대로 가서 아이들이 그 현장을 직접 취재하는 신문기자가 된다. 자신들이 선택한 사진을 직접 찍고, 그 사진이 찍힌 장면을 각자의 상상력을 더해 비록 과거의 일이었더라도 매우 생생한 기사로 작성해 보는 것이다. 사진 한 장을 둘러싼 배경, 그 배경에 등장하는 인물, 그 인물들의 인터뷰 등 한 장의 사진이 담고 있는 이야기들이 아이들이 쓴 신문 기사를 통해 다시 태어난다.

다음은 인종차별이 과거에 있었던 일만이 아니라 전 세계 곳곳에서 일어나고 있는 현재의 일라는 점을 생각해 보는 활동이다. 우리나라에서 일어나고 있는 인종차별 사건들을 제시하고, 그 사건들에 대해 생각과 느낌을 나누면서 주변에서 이런 일들이 되풀이되지 않기 위해서 어떤 노력이 필요한지 함께 살펴볼 것이다.

인종차별과 관련된 구조적인 문제뿐만 아니라 인종 문제와 성, 계급 등이 교차하는 지점(빈곤한 여성 흑인)에서 발생하는 인권 문제는 여기서 다루지 못했다. 이 부분도 이후 우리들의 과제로 남겨 두기로 한다.

[관련 인권 문서 및 법률 조항들]

- 모든 형태의 인종차별 철폐에 관한 국제협약(International Convention on the Elimination of All Forms of Racial Discrimination, 1965)

이렇게 진행해 보세요

❏ **중심 활동**
- 그림책 『니나』 함께 읽기
- 신문 기사 작성하기
- 우리 사회에서 일어나는 인종차별 살펴보기

❏ **우리가 고른 그림책**

- 『니나』, 알리스 브리에르-아케 글, 브루노 리앙스 그림, 이른비

이 주제와 관련해서 어떤 그림책을 선택할까? 『니나』와 『1964년 여름』을 두고 여러 날을 고민했다. 6학년 두 학급 아이들에게 "어느 책이 더 좋을까?"라고 물었는데, 아이들 역시 의견이 반반으로 나뉘었다. 선생님들도 거의 반반이었다. 『니나』가 그 시대를 살아낸 전설적인 재즈 가수 니나 시몬 (1933~2003)의 실제 이야기라는 점이, 브루노 리앙스의 아름다운 그림이, 알리스 브리에르-아케의 간결하면서도 깊이 있는 시적 표현들이, 무겁다면 한없이 무거운 인종차별주의라는 주제를 다루는 활동에서는 좀 더 매력이 있었다.

❏ **준비물**
- B4 크기의 종이나 4절 색상지, 활동지

❑ 활동 길라잡이

• 그림책 『니나』 함께 읽기
- 가장 기억에 남는 장면에 대해 이야기해 보기
  ▶ 마음을 움직였거나 이전에는 생각해 보지 않았던 것을 표현하고 있는 장면(그림이나 내용 등)은 무엇이었나요? 그리고 그 이유는 무엇인가요?
  ▶ 니나는 무엇에 분노했나요? 그리고 어떤 희망과 바람을 가지고 있었을까요?
- 니나가 살아가면서 어떤 종류의 인종차별을 겪었을지 상상해 보기

• 1950~1970년 전후 미국의 흑인차별 상황에 대해 알아보기
- 모둠별로 신문 기사 작성 활동지*와 인종차별과 관련된 여러 장의 사진들이 들어 있는 활동 자료**를 나누어 준다.
- 인종차별과 관련된 사진(음수대, 버스, 학교 등)과 그 사진이 말해주는 상황에 대해 이야기 나누기
  ※ 그림책에 등장하는 시위 장면과 마틴 루서 킹 목사가 등장하는 장면에서 자연스럽게 이 활동으로 전환할 수 있다.
- 신문 기사 초고 만들기
  ▶ 제시된 사진 중 1~2장을 골라 모둠별로, 사진에 담긴 상황을 좀 더 구체적으로 추측(상상)해 보고, 이를 시민들에게 알리는 신문 기사로 작성해 본다(활동지에 사진을 붙이고 짤막하게 만

---

* 활동지: '사건 고발' 신문 기사 작성 활동지.
** 활동 자료 1〈미국 1950~70년대 인종차별과 관련된 사진들〉.

    든 이야기를 적어 보기)
- 모둠별로 만든 이야기 중 한두 사례를 발표하기

- **1950~1970년대 흑인차별을 폐지하기 위한 노력과 실천 알아보기**
- 몽고메리 버스 승차 거부(1955년), 워싱턴 행진(1963년), 셀마(1965년) 등의 실천과 그 결과 흑인차별법 폐지(1964~1965년)가 이루어진 역사를 간략히 소개(PPT 자료 활용*)하기
- 오늘날 미국의 흑인차별 상황도 같이 살펴보기
  - 비무장한 흑인 소년과 청년들이 백인 경찰에 의해 총격으로 사망하는 사건이 계속 늘어나면서 이에 대한 저항으로 시작된 '흑인의 생명도 소중하다Black Lives Matter' 운동 소개

> **tip**
> 1955년 미국 앨라배마주 몽고메리 버스 승차 거부 운동을 촉발시켰던 로자 파크스의 실제 사건을 바탕으로 쓴 그림책 『사라, 버스를 타다』와 1960년대 미국 흑인인권운동 이야기를 담은 『리언 이야기』 등을 소개하고 후속 활동으로 같이 읽어 보아도 좋겠다.

---

* 활동 자료 2 〈1950~1970년대 흑인차별을 폐지하기 위한 노력과 실천들(PPT 자료)〉.

- 우리나라에서 인종차별을 당하는 사람들
- 우리나라에 살고 있으면서 인종차별을 당하는 사람들 살펴보기
  - ▶ 우리나라에서 일어난 몇 가지 인종차별 사례들을 준비(모둠별로 한 가지씩 제공)해서 모둠에서 먼저 읽고 내용을 간추려 발표
- 사례에 대해 이야기 나누기
  - ▶ 같이 살펴본 사례들에 대한 느낌과 생각을 이야기하면서 아래 질문들에 대해 생각해 보기
  - ▶ 만약 여러분 주변에서 이와 비슷한 인종차별이 일어난다면 여러분은 어떨 것 같아요? 또 어떻게 하는 것이 좋을까요?
  - ※ 〈10인의 사람들〉 국가인권위원회 광고 동영상을 보는 것도 좋다.

- 신문 기사 마무리하기
- 앞선 활동에서 작성했던 신문 기사 내용에 나온 인종차별을 없애기 위해 정부나 국제기구, 시민들에게 요구할 내용을 넣어 신문 기사를 마무리하기

❏ 정리하기
- 〈무하마드 알리의 자유〉 인터뷰 동영상 보면서 알리가 생각하는 인종차별에 대한 생각 나누기
- 인종차별을 하는 이유는 무엇일까요?
- 인종차별은 어떤 문제들을 낳을까요?
- 어떤 사람들이 인종차별을 부추길까요?

> tip
> 인터뷰 내용에 대해 서로 이야기를 나누어 보는 시간을 가져도 좋고, 동영상을 보며 활동을 마무리 지어도 된다.

[선택 활동] 경고 스티커 만들기
- 인종차별을 반대하고, 인종차별을 하는 사람들에게 경고하는 내용을 담은 스티커 만들어 보기
- 활동할 때 이런 점들도 생각해 보세요.
  ▶ 인종차별주의 중 대표적인 사례로 미국 흑인 차별을 다루고 있는 것일 뿐, 흑인에 대한 차별이 전부가 아니라는 점, 그리고 현재 우리 사회에도 다양한 형태로 인종차별이 존재한다는 점을 아이들이 생각해 보게 해 주면 좋겠다.
  ▶ 활동에 참여하는 아이들 가운데 피부색이나 언어, 국적이 다른 아이들이 포함되어 있을 때는 이 활동에서 그치지 않고 일상생활 속에서 지속적으로 인종차별주의에 대해 고민하고 싸울 수 있도록 자극해 주는 후속 활동이 필요하다.

❏ 활동지

'사건 고발' 신문 기사 만들기

( )모둠

기사 제목:

사진

❑ 활동 자료 1

미국 1950~1970년대 인종차별과 관련된 사진들

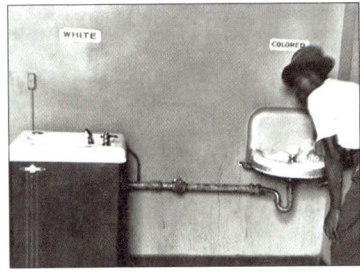

식당 음수대(물 먹는 곳)도 흑인과 백인의 것이 구분되어 있었다.

흑인 입학을 거부하는 백인들의 폭력을 우려해서 대학에 군인을 투입했다.

우리는 백인 세탁물만 취급함.

백인과 흑인의 좌석이 구분된 공연장.

백인과 흑인 자리가 구분되어 있다.

로자 파커스, 그림책 『사라, 버스를 타다』의 실제 주인공.

수영장에 있는 흑인에게 염산을 뿌리는 백인.

버스타기저항운동을 하던 흑인 변호사를 향해 성조기로 공격하는 백인 남성.

흑인 전용 당구장.

백인과 흑인 자리가 구분된 강의실.

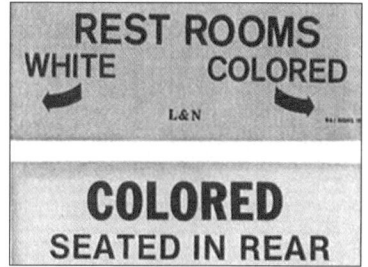
인종차별 표지판들(개와 니그로(흑인) 멕시코 사람은 출입 금지/백인 전용 화장실, 흑인들은 뒷자석에).

1954년 미국 경찰의 보호를 받으며 최초로 공립초등학교에 입학하는 린다 브라운의 모습.

❏ 활동 자료 2

1950~1970년대 흑인차별을 폐지하기 위한 노력과 실천들

1955년 12월 미국 남부 앨라배마주
몽고메리 시

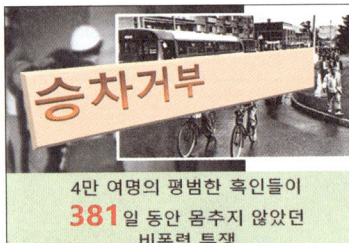

승차거부

4만 여명의 평범한 흑인들이
381일 동안 몸주지 않았던
비폭력 투쟁

"YOU MUST NEVER BE FEARFUL ABOUT WHAT YOU ARE DOING WHEN IT IS RIGHT."
ROSA PARKS

1956년 11월 13일,
미국, 공공버스 인종차별 위헌 판결

1963년 앨라배마 주 버밍햄

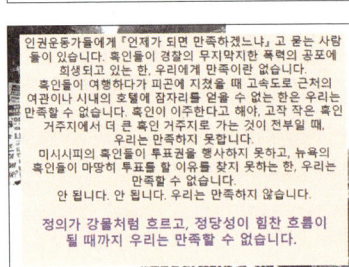

1965년 8월
투표권리법이 통과

1970년 메릴랜드주
최초의 흑인시장
당선

2008년 미국 최초
흑인대통령 당선

❏ 활동 자료 3

우리나라에서 일어난 인종차별 사례 기사 모음

[사례 1]

AFP통신은 11일(현지 시간) 한국 최초의 흑인 혼혈 모델 한현민(16) 군의 이야기를 통해 뿌리 깊은 한국의 인종차별 문화를 집중 조명했다.

나이지리아인 아버지와 한국인 어머니 사이에서 태어난 한 군은 한국 패션계에서 주목받는 모델이다. 지난해 데뷔하자마자 두 번의 서울패션위크에서 30차례 이상 런웨이를 걸었고, 잡지 화보 촬영 요청도 끊이지 않는다. 하지만 흑인 혼혈이라는 이유로 한국에서 고통받고 있다.

AFP통신은 "한국은 세련되고 첨단기술이 발달한 나라다. 그러나 경제, 문화 강국인 한국의 이면에는 인종차별이 깊숙이 자리 잡고 있다"며 "한국 내 외국인이 지난 30년간 2배 이상 늘었지만 여전히 전체 인구의 4%에 불과한 것도 이 때문"이라고 보도했다.

한 군은 학교와 모델 생활 중 경험한 인종차별에 대해 솔직하게 털어놓았다. 그는 "학교에서 친구들과 놀고 있으면 어떤 엄마들은 자기 아이를 휙 낚아채면서 '저런 애랑 놀지 마'라고 했다. 모르는 할머니가 '남의 나라에서 뭘 하느냐'고 물어본 적도 있다"며 "그 순간 나는 투명인간이 되고 싶었다. 튀는 내 외모가 정말 싫었다"고 했다.

CBS 노컷뉴스(2017. 7. 12)에서 발췌

[사례 2]

  2018년 10월 국가인권위원회에서 이주노동자들의 인권 실태를 조사한 결과를 발표했다. 40여 개의 인권단체와 1,467명의 외국인 노동자를 대상으로 조사를 진행했다. 그 내용 중에는 이주노동자들이 묵는 숙소와 같은 생활 시설의 상황이 매우 열악했다는 점도 눈에 띈다. 회사가 정한 숙소에서 살고 있는 노동자 가운데 39%가 실내 화장실이 없다고 답했다. 또한 이들이 받는 임금은 최저임금의 12% 정도를 평균적으로 적게 받고 있는 것으로 드러났다.

[사례 3]

  한 대학의 석사 과정을 밟고 있는 학생들이 주말 밤 이 식당을 찾았습니다.

  손님이 많아 10여 분 동안 줄을 선 끝에 입장 순서가 됐는데, 어떻게 된 일인지 보안요원이 쿠마르 씨의 출입을 막아섰습니다.

  [녹취] 두먼 얀(프랑스): "총 6명이 함께 있었고 러시아, 콜롬비아, 아프가니스탄, 인도, 프랑스, 캐나다 국적을 가지고 있었어요."

  [녹취] 키슬라이 쿠마르(인도 유학생): "친구들이 제 앞에 서 있고 저는 맨 끝에 서 있었죠. 친구들은 모두 신분증 검사를 통과해 안으로 들어갔지만 저는 입장할 수 없었어요."

  여권을 확인한 보안요원이 갑자기 식당 출입을 제지했다는 게 쿠마르 씨의 얘깁니다.

  [녹취] 두먼 얀: "친구가 있는 곳으로 가서 경호원에게 무슨 문제가 있냐고 물었더니 인도인이라서 입장이 안 된다고 했어요."

  이유를 묻자 이런 답변이 돌아왔습니다.

[녹취] 보안요원(음성변조): "파키스탄, 카자흐스탄, 사우디아라비아, 인도, 이집트, 몽골, 사람은 입장이 안 됩니다."

[녹취] 손님: "왜죠?"

[녹취] 보안요원(음성변조): "여기 규칙이에요."

특정 국적의 여권을 소지했다고 해서 출입이 안 된다는 건데 쿠마르 씨는 인종차별로 받아들일 수밖에 없었습니다.

KBS 뉴스(2017. 6. 8)에서 발췌

[사례 4]

제이티비시 〈말하는 대로〉에 출연한 가나 출신 방송인 샘 오취리는 자신이 한국에서 경험한 인종차별 사례를 들려줬다. 지하철에서 마주친 중년 여성이 "까만 ○○가 한국에서 뭐 하는 거냐. 너네 나라로 돌아가라"고 폭언을 던진 일, 이를 보고도 가만히 침묵하는 수많은 한국인 승객을 보며 '한국인들은 원래 이런가' 생각했다는 이야기, 똑같이 단역배우 아르바이트를 해도 백인들이 멋진 역할을 맡는 동안 흑인들은 악당이나 좀도둑 역할을 맡아야 했던 경험, 흑인이라는 이유만으로 영어학원 교사 자리를 얻을 수 없었다는 경험담…. 듣는 사람이 다 부끄러워지는 인종차별 사례는 그 종류가 다채롭기까지 했다. 서아프리카 지역에 에볼라 바이러스가 유행하던 2014년, 한 식당이 "에볼라 바이러스로 인해 아프리카 고객은 받지 않겠다"는 문구를 내걸며 접객을 거부한 탓에 전 아프리카인들이 분노했다는 이야기쯤 되면 나라도 대신 나서서 사과하고 싶어진다. 이토록 무례하고 폭력적인 공동체의 일원이라서 미안하다고.

한겨레(2017. 1. 6), '이승한의 술탄 오브 더 티브이'에서 발췌

[사례 5]

피해 남성은 미얀마에서 온 35살의 팻승 씨로, 신학을 공부하며 9년째 한국에 거주해 온 유학생입니다. 팻승 씨를 때리고 욕을 한 50대 한국 남성은 당시 술을 마신 상태였습니다.

[가해 남성] "대한민국 사람 아니야. 이거 다 불법 체류자라니까."

폭행이 벌어진 건 팻승 씨가 가게에 들러 식료품을 사서 나온 직후였습니다. 함께 온 지인이 가게 앞에 차량을 세우려는데, 지나가던 이 한국 남성이 시비를 걸었다는 겁니다.

[팻승/미얀마 유학생] "'무슨 문제인지 말하세요' 하니까, '외국인 맞지', '불법 개○○들 다 추방하라'고. 그래서 갑자기 세게 주먹으로 맞은 거예요."

그때부터 이유를 알 수 없는 무차별 폭행이 시작됐습니다.

[목격자] "그냥 계속 맞고만 있는 거야. 안 때리고. 너무 착해서 맞고 있는데 가슴이 아프더라고요."

이 미얀마인 남성은 이곳에 있는 자신의 차량 앞에서 무려 십여 대를 맞았습니다.

MBC 뉴스데스크(2019. 9. 17)에서 발췌

[사례 6]

2010년 7월 부산에서 40대 남편이 20대 베트남 부인을 심하게 구타하고 흉기로 찔러 살해한 사건이 있었다. 2019년 7월, 30대 베트남 부인을 아이가 보는 앞에서 무자비하게 손과 발로 때려 갈비뼈가 부러지는 전치 4주 이상의 부상을 입힌 30대 남성이 구속되는 사건이 있었다. 베트남 네티즌들은 이런 사실에 대해 한국인들이 베트남 여성을 무시하기 때문에 너무 쉽게 베트남 여성들에게 폭력을 가하고 있다는 댓글들을 수없이 달았다.

❑ 함께 보면 좋은 그림책들

자유의 길
줄리어스 레스터 글,
로드 브라운 그림, 낮은산

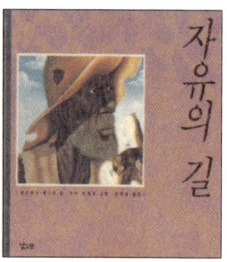

1964년 여름
데버러 와일즈 글,
제롬 리가히그 그림, 느림보

사라, 버스를 타다
윌리엄 밀러 글, 존 워드 그림,
사계절

자유 자유 자유
애슐리 브라이언 글·그림,
보물창고

헨리의 자유 상자
엘린 레빈 글, 카디르 넬슨 그림,
뜨인돌어린이

용기 있는 어린이 루비 브리지스
로버트 콜스 글, 조지 포드 그림,
나무상자

❏ 함께 읽으면 좋은 책들

딸에게 들려주는 인종차별 이야기 타하르 벤 젤룬 지음, 롤러코스터	인종차별의 역사 크리스티앙 들라캉파뉴 지음, 예지	인종 토크 이제오마 올루오 지음, 책과함께

❏ 영화 및 영상 자료

니나 2016, 영국	그린북 2018, 미국	더 헬프 2011, 미국
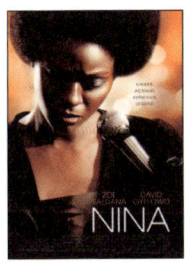		

- 지식채널e 〈조용한 자부심〉 EBS, 2009

- 무하마드 알리 인터뷰
  https://play-tv.kakao.com/channel/3340542/cliplink/399517736

8.

전쟁

"평화가 간다!"

오랜 기간 인류는 크고 작은 전쟁을 끊임없이 겪었다. 전쟁은 인류에게 고통과 아픔, 상처만 남긴 채 모두를 파멸로 이끈다. 군인은 단지 명령에 복종할 뿐이며, 인간의 존엄과 자유, 평등의 가치는 어디에서도 찾아보기 힘들게 된다. 파멸과 죽음에 대한 공포는 인간의 두려움과 복종을 낳고, 적이 누구이며 왜 적이 되었는지 또 왜, 무엇을 위해서 전쟁을 해야 하는지라는 근본적인 고민을 불가능하게 만든다. 인간을 전쟁 기계로 도구화하는 이 전쟁들은 기본적인 인권 항목들을 가장 직접적으로 위협한다.

우리나라에는 아직도 태평양 전쟁, 6·25 전쟁, 베트남 전쟁, 남북 간 크고 작은 교전으로 인한 고통과 상처를 고스란히 기억하며 살아가고 있는 분들이 있다. 강제징용, 위안부, 민간인 집단학살, 고엽제, 베트남의 라이따이한, 이산가족, 크고 작은 남북 간 교전, 지뢰 피해 문제, 북핵 문제 등은 하나같이 우리 사회에서 현재 진행형인, 가장 첨예한 인권 문제들이다. 설사 이와 직접적으로 관련된 분들이 세상을 모두 떠나신다 해도 우리가 풀어 가야 할 숙제들이다.

우리나라뿐만 아니라 전 세계적으로도 전쟁은 끊이질 않는다. 정치적 이념과 종교, 민족 문제, 자원 등의 다양한 이유로 아프가니스탄,

이라크, 시리아, 예멘, 소말리아, 나이지리아, 남수단, 우크라이나, 리비아, 인도, 파키스탄, 네팔, 중국 등 수없이 많은 나라와 지역에서 내전과 영토 분쟁이 일어나고 있다. 이 나라들에서도 더하면 더했지 우리와 비슷한 문제들이 생겨나고 남겨질 것이다. 전쟁으로 인해 삶의 존엄을 파괴당하는 무수히 많은 사람들, 그들이 바로 우리이고 그 문제들이 바로 인류 전체의 문제이다.

전쟁 중의 삶은 공포와 두려움, 일상의 마비, 배고픔, 슬픔, 가족과의 헤어짐, 죽음 등으로 묘사되지만, 전쟁 중에도 인간성을 잃지 않는 개인의 삶은 끈질기게 이어진다. 그리고 그 삶이 전쟁을 이겨 내는 또 다른 힘이 된다. 권정생 선생님의 소설『몽실 언니』에는 어린 북한 병사와 몽실이가 만나는 장면이 나온다. 그들은 북한 사람도 남한 사람도 아닌, 단지 사람으로 만나 서로를 이해하는 과정을 보여 준다. 사람들은 전쟁 중에도 그렇지 않았을까?

> 몽실아, 사람은 누구나 처음 본 사람도 사람으로 만났을 땐 다 착하게 사귈 수 있어. 그러나 너에겐 좀 어려운 말이지만, 신분이나 지위나 이득을 생각해서 만나면 나쁘게 된단다. 국군이나 인민군이 서로 만나면 적이기 때문에 죽이려 하지만 사람으로 만나면 죽일 수 없단다.
>
> 권정생,『몽실 언니』에서

전쟁 이야기는 무척 무겁고 아픈 주제이다. 그렇지만 어린이, 청소년과 전쟁 이야기를 나누어야 하는 이유는 무엇일까. 평범한 일상에 감사하고, 모두의 인권을 보장받기 위한 조건인 '평화'는 꼭 지켜야 한다는 지극히 평범한 사실을 기억하기 위함이다. 인권활동가는 특별한 누군가가 되는 것이 아니다. 누구든지 일상에서 평화와 인권을 지켜 내는 인권활동가로서 살아갈 수 있다. 우리는 전쟁 이야기를 통해 어린이, 청소년이 일상에서 평화와 인권에 대해 고민하고 실천하는 인권활동가가 되길 바란다. 사람들에게 평화의 목소리를 내길 바란다.

이 주제에서는 '땅따먹기 놀이'와 그림책 『여섯 사람』을 함께 읽는 활동을 통해 전쟁의 원인과 전쟁이 일어났을 때 생기는 문제를 직관적으로 생각해 보고자 한다. '땅따먹기 놀이'는 다른 사람의 땅을 침범하고 뺏고 뺏기는 과정에서 발생하는 다양한 감정을 느낄 수 있다. 단순히 놀이였던 활동이 그림책 『여섯 사람』과 만나면서 현실에서 전쟁이 어떻게 발현되는지, 그 끝은 어떤지에 대해 스스로 고민하게 될 것이다. 또한 헥사카드에 나열되어 있는 전쟁과 평화의 단어/문장을 눈으로 직접 확인해 보면서 전쟁이 없어져야 하는 이유와 평화가 있어야 하는 이유를 어떤 설명을 추가하지 않더라도 금방 알아차릴 수 있다.

그림책 『군화가 간다』를 함께 읽고서는 전쟁이 가져오는 고통과 아픔을 생각해 보고 이를 극복하는 힘과 전쟁이 생기지 않으려면 어떤 노력이 필요한지 고민해 보고자 한다. 『군화가 간다』는 군화 그림과 의성어만으로도 이미 공포감이 생긴다. '나만의 선언'을 작성하는 활동은 나의 목소리를 냄으로써 이러한 공포감을 극복할 수 있는 의미 있는 활동이다. 목소리를 내는 활동은 어느 순간 내 안에서 용기와 힘을 주는 중요한 작동을 하게 될 것이다. 이 활동을 통해 전쟁 없는, 최소한의 평화가 지속적으로 유지되는 세계를 아이들과 함께 꿈꿔 볼 수 있을 것이다.

[관련 인권 문서 및 법률 조항들]

• 유엔 아동권리협약(UN Convention on the Rights of the Child, 1989)
 제38조
 1. 당사국은 아동에게 관련이 있는 무력분쟁에 있어서, 당사국에 적용 가능한 국제인도법의 규칙을 존중하고 동 존중을 보장할 의무를 진다.
 2. 당사국은 15세에 달하지 아니한 자가 적대행위에 직접 참여하지 아니할 것을 보장하기 위하여 실행 가능한 모든 조치를 취하여야 한다.
 3. 당사국은 15세에 달하지 아니한 자의 징병을 삼가하여야 한다. 15세에 달하였으나 18세에 달하지 아니한 자 중에서 징병하는 경우, 당사국은 최고 연장자에게 우선순위를 두도록 노력하여야 한다.
 4. 무력분쟁에 있어서 민간인 보호를 위한 국제인도법상의 의무에 따라서 당사국은 무력분쟁의 영향을 받는 아동의 보호 및 배려를 확보하기 위하여 실행 가능한 모든 조치를 취하여야 한다. 당사국은 15세 미만의 아동이 무력 분쟁에 개입하지 않도록 보호해야 한다.
 제39조
 당사국은 어떠한 형태의 유기, 착취, 학대, 또는 고문이나 기타 어떠한 형태의 잔혹하거나 비인간적이거나 굴욕적인 대우나 처벌, 또는 무력분쟁으로 인하여 희생이 된 아동의 신체적, 심리적 회복 및 사회 복귀를 촉진시키기 위한 모든 적절한 조치를 취하여야 한다.

- 4개 제네바협약(1949)과 2개 추가 의정서(1977)*

    제1협약 육전에 있어서의 군대의 부상자 및 병사의 상태 개선에 관한 제네바협약

    제2협약 해상에 있어서의 군대의 부상자, 병자 및 조난자의 상태 개선에 관한 제네바협약

    제3협약 포로 대우에 관한 제네바협약

    제4협약 전시에 있어서의 민간인 보호에 관한 제네바협약

    제1의정서 국제적 무력충돌 피해자들의 보호를 강화

    제2의정서 비국제적 무력충돌 피해자들의 보호를 강화

---

* 국제적십자위원회가 소집한 '무력분쟁에 적용될 국제인도법의 재확인과 발전을 위한 정부전문가회의'에서 사용된 말인 국제인도법(International Humanitarian Law, IHL)은 무력 충돌 시 적대행위에 가담하지 않거나 더는 가담할 수 없는 사람들을 보호하고 전투의 수단과 방법을 규제하는 법으로 무력충돌법(Law of Armed Conflict) 혹은 전쟁법(Law of War)으로도 알려져 있다.

이렇게 진행해 보세요

❑ **중심 활동**
- 그림책 『여섯 사람』 함께 읽기
- 땅따먹기 놀이 진행
- 전쟁/평화에 대한 낱말 알아보기
- 그림책 『군화가 간다』 함께 읽기
- 평화를 위한 나만의 선언 작성

❑ **우리가 고른 그림책**

- 『여섯 사람』, 데이비드 매키 글·그림, 비룡소

자신이 가지고 있는 부와 권력을 지키기 위해 온갖 수단 방법을 동원하는 사람들이 있다. 그림책 『여섯 사람』은 그런 사람들을 떠오르게 한다. 내 것을 지키기 위해 성을 쌓고 군대를 조직하고 더 나아가 타인을 공격하기도 한다. 자신의 욕심으로 인해 벌어진 폭력과 전쟁은, 결국 어떤 것도 남길 수 없다는 메시지를 주는 결말에 대해 '그렇지'라고 공감하게 되면서 자연스럽게 전쟁의 무의미함을 느낄 수 있다. 그리고 '왜'라는 질문이 생긴다. 이들은 처음 땅을 발견했을 때 왜 내 땅이라는 생각을 아무렇지 않게 할 수 있었을까? 타인을 공격했을 때 죄책감을 느끼진 않았을까? 누군가에게 빼앗기지 않기 위해 내가 먼저 빼앗아야 한다는 인간의 두려움은 극복할 수 없는 것일까? 수많은 '왜'가 생기는 그림책 『여섯 사람』이다.

• 『군화가 간다』, 와카야마 시즈코 글·그림, 사계절

척, 척, 척, 군화 소리가 귓가에서 선명하게 들린다. 군화 신은 발만 보이는 화면은 보이는 것보다 더 많은 것을 상상하게 만들어 마음은 무겁고 몸은 위축된다. 전쟁이 무엇을 의미하는지 얼마나 잔혹한지, 많은 설명 없이 이 그림들만으로도 충분히 알 수 있게 만든다. 전쟁으로 잃어버린 삶을 상상하는 것은 무척 큰 고통이 따른다. 그러나 그 고통을 넘어 그 삶을 직시하게 되면 오히려 평화에 대해 곰곰이 생각해 볼 수 있는 기회를 얻게 된다. 한·중·일 평화그림책* 시리즈 중 하나로 기획된 책으로 패망한 일본 군국주의의 참담한 결말을 보면서 성장기를 보낸 작가는 이제 할머니가 되어 군더더기 없이 굵고 간결한 색으로 미래 세대에게 '전쟁은 필요 없어'라는 메시지를 강렬하게 전하고 있다.

❑ 준비물
- 전지 2~4장, 색연필, 군화 모양이 그려지거나 붙여진 지우개 혹은 바둑알, 장기알, 테이프, 연필, 검은색 도화지에 붙여진 헥사카드 약 10장씩 2판 준비
- 그림책 『여섯 사람』, 『군화가 간다』

---

* 한·중·일 그림책 작가들이 세 나라가 함께 경험했던 아픈 근현대사를 그림책으로 담은 공동 창작 프로젝트였고, 현재까지 11권의 그림책이 제작되었다. 읽기 자료 참고.

❏ 활동 길라잡이

• 땅따먹기 놀이(활동 시간: 30분)
- 진행 방법
- 1단계: 자기 땅 만들기
    ▶ 전지 네 귀퉁이에 자기 뼘만큼의 집을 그린다.
    ▶ 가위바위보로 순서를 정한다.*
    ▶ 차례대로 자기 집에 군화가 그려진 페트병 뚜껑(바둑알, 장기알 가능)을 튕겨서 멈춘 곳까지 선을 그린다. 세 번 튕겨 자기 집으로 돌아오면 그어진 선만큼 자기 집이 된다(색연필이나 사인펜을 사용할 경우 점으로 표시).
    ▶ 다른 사람의 땅을 넘어가지 않는다.
    ▶ 다른 사람의 땅을 넘어가지 않을 때까지만 한다(2~3번 한다).

 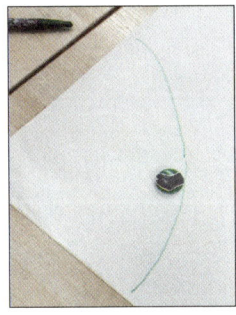 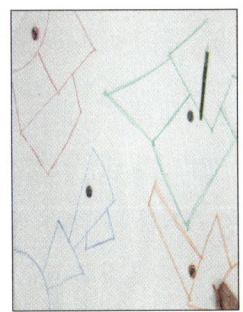

- 2단계: 나라 만들기
    ▶ 1단계가 끝난 후 여러 가지 시설들이 표시된 A4를 나눠 준다.
    ▶ 자기가 만든 땅에 나눠 준 여러 가지 시설들을 한 번에 붙여

---
* 모둠원들이 자유롭게 순서를 정해도 좋다.

준다.*
- ▶ 자기가 만든 땅 어디에 붙이든 상관없이 땅 안에서만 붙여 주면 된다.

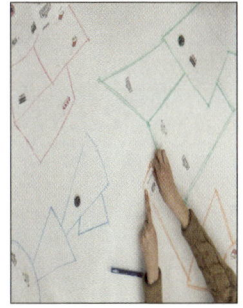  

- 3단계: 땅따먹기
  - ▶ 2단계 이후 순서대로 다른 사람의 땅을 침범하면서 땅을 넓히는 땅따먹기를 진행한다.

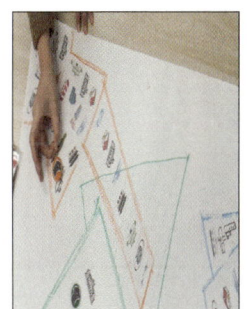  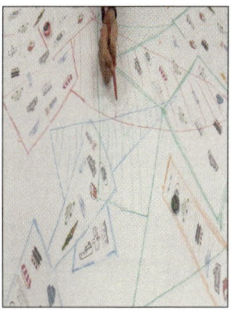

※ 게임 진행 중 질문을 통해 새로운 규칙이 필요한 경우가 생겼을 때 서로 의견을 나누어 새로운 규칙을 정하도록 한다.

---

* 여러 가지 시설: 학교, 기차역, 공원, 병원, 도서관, 경찰서, 소방서, 우체국, 시청, 항구, 종교시설, 집, 은행, 가게, 방송국 등.

(질문 예시)
- 3단계 땅따먹기 시작 전 순서는 어떻게 해요? 시작할 때처럼 해요? 새로 해요?
- 다른 사람 땅에 들어갔다 다시 내 땅으로 들어오려면 처음 집까지 들어와야 해요?
- 아무 데나 내 땅에만 들어오면 돼요?

의견을 나누면서 이야기 나누어 주세요.
- 전쟁 상황이라면 누가 기준을 세울 것인가?

- 활동 이후 질문을 통해 전쟁이 발생하는 이유에 대해 이야기 나눈다.
    ▶ 마주치거나 남의 땅에 들어갔을 때 기분이 어떤가요?
    ▶ 어떤 시설을 지키고 싶었나요?
    ▶ 나에게 필요한 시설이나 땅이 뺏겼을 때 기분이 어땠나요?

• 『여섯 사람』 그림책 읽어 주기(활동 시간: 10분)
- 그림책 표지에 대해 이야기 나누기
    ▶ 여섯 사람은 지금 어디를 가고 있을까요?
    ▶ 이들은 어떤 이유로 이렇게 가고 있을까요?
    ▶ 이 표지를 보고 떠오르는 것이 있나요?
- 책을 읽은 후 이야기 나누기
    ▶ 여섯 사람은 어떤 이유로 군인을 뽑았나요?
    ▶ 군인들이 보초를 서고 있는 이유가 있을까요?
    ▶ 사람들에게 정말 중요한 건 무엇일까요?

- 전쟁과 평화에 대한 낱말과 문장 찾아서 '헥사카드'에 적어 보기 (활동 시간: 15분)
  - 전쟁 하면 떠오르는 낱말이나 문장이 있나요?
  - 어떤 이미지가 떠오르나요?
  - 이 낱말과 문장이 떠오른 이유가 있나요?
  - 평화 하면 떠오르는 낱말이나 문장이 있나요?
  - 어떤 이미지가 떠오르나요?
  - 이 낱말과 문장이 떠오른 이유가 있나요?

tip
모둠별 헥사카드에 전쟁과 평화에 대한 낱말, 혹은 문장을 넣을 때는 헥사카드 바깥 전지에 내용을 더 적을 수 있도록 안내한다. 헥사카드를 준비하지 못했으면 전지에 브레인스토밍 방법으로 해도 된다.

- 『군화가 간다』 그림책 읽어 주기(활동 시간: 10분)
  - 그림책 표지에 대해 이야기 나누기
    ▶ 표지에 나온 주인공 어린이는 무엇을 하는 것 같나요?
    ▶ 어린이의 표정에서 무엇이 느껴지나요?
    ▶ 뒤표지 모자 속의 꽃은 무엇을 나타낼까요?
  - 책을 읽은 후 이야기 나누기
    ▶ 군화는 무엇 때문에 길을 가는 것일까요?
    ▶ 군화의 처음 생각과 마지막 생각에는 어떤 변화가 있었나요?
    ▶ 여섯 사람과 군화가 평화를 구할 수 있는 방법이 있을까요?
    ▶ 평화를 위해 이들에게는 무엇이 필요할까요?

- • '나만의 선언' 작성하기(활동 예상 시간: 20분)
- -『군화가 간다』에서 주인공 어린이는 "나의 미래에 전쟁 따위는 없다"는 선언을 한다.
  - ▶ 전쟁과 평화에 대한 '나만의 선언' 작성하기
  - ▶ 시간이 가능하다면 발표하기

❑ 정리하기(활동 시간: 5분)
- • 전쟁이 일어나지 않으려면 많은 노력이 필요하며, 평화를 지키는 것이 왜 소중한지 다시 한번 확인한다.

❏ 읽기 자료

한·중·일 공동 기획 평화그림책 시리즈 작업일기
: 기록과 공감, 그리고 희망의 연대

여섯 해 전의 일이다. 2005년 10월, 그림책 『강아지똥』의 작가 정승각 선생에게 일본의 그림책 작가 네 분이 함께 쓴 편지가 왔다. "한국의 그림책 작가 여러분, 안녕하세요?"라는 인사말로 시작한 이 편지는, 근대 일본의 침략전쟁을 반성하고 이에 대한 국가 차원의 사죄와 피해 배상이 없음을 부끄러워하면서 한·중·일 3국의 그림책 작가들이 함께 어린이들에게 평화의 의미와 가치를 전하는 '평화그림책'을 만들어 공동 출판하자고 제안하는 내용을 담고 있었다. 그리고 이듬해인 2006년 8월, 서울에서 우선 한국과 일본 두 나라의 작가 모임이 이루어졌다. 이것이 '평화그림책'의 시작이었다.

『꽃할머니』 스케치

작가들은 이메일을 주고받으며 어떻게 이 일을 이루어 갈까 방법을 모색했다. 그러다가 2007년 중국의 작가들이 결합하게 되었고, 출판을 담당할 세 나라의 출판사들이 정해졌다. 이어서 그해 10월, 중국 난징에서 세 나라의 작가 12명과 편집자들이 모여 첫 기획회의를 열었다. 신기하게도 마치 오랫동안 헤어져 있던 친구들이 다시 만난 것처럼 금세 친해져 아주 많은 이야기를 나누었다. 각자 어떤 작품을 만들 것인지, 왜 그런 작품을 구상했는지 등 그림책을 만드는 일에 관한 이야기들뿐만 아니라, 세 나라 사이의 과거 역사에 대한 이야기, 평화에 대한 생각과 전쟁과 관련한 각자의 경험, 어린이에 대한 생각, 예술에 대한 생각에 이르기까지 참 많은 이야기를 주고받으며 사흘 낮밤을 함께 보냈다. 그리고 그 결과로, '기록과 공감, 그리고 희망의 연대'라는 캐치프레이즈를 설정했다. 그림책으로 과거의 역사를 정직하게 기록하고, 현재의 고통을 함께 나누며, 평화로운 미래를 위해 힘을 합치자는 뜻이었다.

『와카야마』 스케치

그 뒤 세 나라의 작가들과 출판사들은 그러한 뜻을 실현하기 위해 서로 의논하며 열심히 그림책을 만들어 오고 있는데, 그 첫 결실이 2010년 5월과 6월에 각각 출판된 권윤덕 작가의 『꽃할머니』와 이억배 작가의 『비무장지대에 봄이 오면』이다.

좋은 뜻과 순수한 열정으로 의기투합하여 시작한 기획이었지만 어려움도 많았다. 역사도 다르고 문화도 정서도 정치 체제도 다르니 서로 이해하지 못하는 점이 많았다. 가령, 우리나라의 김환영 작가가 권정생 선생님의 「애국자가 없는 나라」라는 시를 그림책으로 만들겠다는 계획을 발표하자 중국의 작가들이 강하게 이의를 제기했다. 강력한 사회주의 국가 체제 속에 사는 사람들의 시각으로는 무정부주의적인 작품을 이해하기 어려웠던 것이다. 일본군 위안부 할머니 이야기를 담은 『꽃할머니』에 대해서는 일본 출판사가 적잖은 난색을 표하기도 했다. 일본 내 보수주의 세력의 반발이 걱정되었던 탓이다. 그 밖에도 유일한 분단국가인 우리나라에서는 너무도 익숙한 '비무장지대'라는 개념을 일본과 중국의 어린이들은 이해하기 어렵고, 반대로 중국의 전통문화인

'경극'을 다룬 작품 또한 우리나라와 일본의 어린이들은 이해하기 어렵다는 문제도 있었다.

그 무엇보다도 이 모든 문제들을 의논하는 수단인 언어가 제각기 다르다는 점이 가장 큰 장벽이었다. 언어가 다른 사람들끼리는 일상생활의 의사소통도 잘하기가 어려운데, 무겁고 때로는 매우 민감한 사안들을 놓고 깊이 있는 논의를 하기란 정말 어려운 일이었다. 그러나 세 나라 어린이들과 다 함께 평화를 이야기하자는 큰 뜻과 열정이 어려움을 이겨 내고 한 권 한 권 결실을 보게 하는 듯하다. 그런 과정들을 통해 서로가 서로를 이해하고 받아들이는 일 자체가 바로 평화그림책을 만드는 의미이자 보람이 아닌가도 싶다. 예컨대, 여러 가지 고비를 넘기고 『꽃할머니』가 출간되어 이야기의 주인공인 심달연 할머니께 이 책을 헌정하는 행사가 열렸을 때 일본의 작가 한 분이 행사장인 대구까지 찾아와 할머니의 손을 잡고 눈물을 흘린 적이 있다. 할머니가 겪었을 고통을 깊이 공감하며 자신의 나라가 저지른 일을 사죄한 것이다. 평화는 이런 마음들이 모여 이루어지는 것일 터이다.

올봄이면 두 권의 평화그림책이 또 출간된다. 이번에는 일본과 중국의 작품들이다. 이렇게 한 권 한 권 보태어져 열두 권의 평화그림책이 모두 출간되고 세 나라 어린이들에게 전해질 날을 기대해 본다. 그러면 세상은 아주 조금이나마 더 평화로워질 수 있지 않을까? 그렇게 되길 간절히 바란다.

현재까지 11권의 그림책이 제작되었다.
1. 꽃할머니
2. 비무장지대에 봄이 오면

3. 평화란 어떤 걸까?

4. 경극이 사라진 날

5. 내 목소리가 들리나요

6. 군화가 간다

7. 사쿠라

8. 불타는 옛 성 1938

9. 낡은 사진 속 이야기

10. 강냉이

11. 춘희는 아기란다

관련 영상 함께 보기

지식채널e 〈꽃을 사랑하는 심달연〉(권윤덕, 2013. 7. 9)

한·중·일 평화그림책 시리즈 첫 번째 작품인 '꽃할머니'에 대한 다큐멘터리. 이 프로젝트에 대한 소개 및 꽃할머니의 주인공인 심달연 할머니와 그림책『꽃할머니』의 제작 과정이 잘 담겨 있다.

김장성(『사계절 즐거운 책 읽기』 2011년 봄호)

❏ 함께 보면 좋은 그림책들

적
다비드 칼리 글,
세르주 블로크 그림, 문학동네

소년 정찰병
월터 딘 마이어스 글,
앤 그리팔코니 그림, 북비

꽃할머니
권윤덕 글·그림, 사계절

곰이와 오푼돌이 아저씨
권정생 글, 이담 그림, 보리

더 커다란 대포를
후타미 마사나오 글·그림,
한림출판사

아킴 달리다
클로드 K. 뒤브와 글·그림,
청어람미디어

론도의 노래
로마나 로마니신
안드레이 레시프 지음, 산하

전쟁
조제 조르즈 레트리아 글,
안드레 레트리아 그림, 그림책공작소

전쟁의 이유
하인츠 야니쉬 글,
알료샤 블라우 그림, 풀빛

❏ 함께 읽으면 좋은 책들

그 꿈들
박기범 글, 낮은산

세계는 왜 싸우는가
김영미 지음, 김영사

사슴과 사냥개
마해송 글, 창비

몽실 언니
권정생 글, 창비

안네의 일기
안네 프랑크 지음, 보물창고

야누시 코르차크의 아이들
야누시 코르차크 글, 양철북

❏ 영화 및 영상 자료

쉰들러 리스트
1993, 미국

웰컴 투 동막골
2005, 한국

사마에게(다큐멘터리)
2020, 영국

9.

난민

"우리의 이웃, 긴 여행자"

 2018년 제주도에 예멘 난민 561명이 입국하였다. 그전에 경험해 보지 못했던 많은 수의 난민들로 한국 사회에는 큰 논쟁이 일어났다. 1992년 아시아에서 가장 먼저 난민협약에 가입하고 2012년 난민법을 제정한 나라의 국민이라고 믿을 수가 없을 만큼 많은 사람들이 난민을 향해 거침없이 혐오표현을 쏟아 내었다. 진짜 난민과 가짜 난민이라는 불필요한 논쟁이 제기되는 것을 보며 난민에 대한 무지가 막연한 불안감과 공포로 변해 난민에 대한 혐오로 터져 나온 것 같아 안타까웠다.

 같은 해, 친구가 난민 인성 신정이 거부되어 본국으로 소환될 위기에 처하자, 청와대 앞 릴레이 1인 시위와 집회를 연 중학생들이 있었다. 다행히 이들의 노력과 여러 사람의 관심으로 친구는 난민 인정을 받을 수 있었다. 제주도 예멘 난민을 향했던 혐오와 차별과는 완전히 다른 학생들의 행동은 더욱 값져 보였다.

 난민은 "인종, 종교, 국적, 특정 사회집단의 구성원 신분 또는 정치적 견해를 이유로 받는 박해를 피해 자신의 나라를 떠날 수밖에 없었던 사람"이나 "분쟁 혹은 일반화된 폭력 사태로 인해 고국을 떠나 돌아갈 수 없는 사람"으로 일정 기준에 따라 '난민' 지위를 인정받은 사람이다. 세계에는 2,000만 명 정도의 난민이 존재한다. 이에 더해 자신의 터전을 떠나 국경을 넘지 못하고 자국 내에 머물고 있는 사람, 국경을 넘었지만 난민 자격을 신청 중인 사람, 어떤 국적도 없는 '무국적자', 난민으로 지내다 자국으로 돌아갔으나 여전히 보호가 필요한 '국내실향민', 그리고 위 분류에는 속하지 않으나 보호가 필요한 '기타 보호 대상자' 등의 5,000만 명이 여전히 어려움을 겪고 있다.[*]

과거 6·25 전쟁으로 이 땅의 할머니, 할아버지 세대가 난민이었던 역사가 그리 오래지 않았으며 여전히 북한과 휴전 중인 이곳에 평화가 깨지고 다시 전쟁이 일어난다면, 누구나 난민이 될 수 있다. 일제강점기 중국의 임시정부 역시 정치적 난민이었다.

전 세계 여러 곳에서는 지금도 전쟁과 무장 충돌이 일어나 삶의 터전이 파괴되고, 인종, 종교, 정치적 신념 등의 이유로 차별과 박해를 당하는 사람들이 생겨나고 있다. 이런 어려움을 겪고 있는 난민에 대해 바르게 이해한다면, 우리에게 찾아온 이들을 환대하는 것은 당연한 행동이 아닐까?

이제 난민 문제는 저 너머의 나와 상관없는 일이 아닌, 인권의 문제로 우리 깊숙이 다가왔음을 부인할 수 없다.『긴 여행』,『꼬마 난민, 아자다』두 그림책을 통해 아이들이 난민의 입장에서 난민의 문제를 바라볼 수 있는 시각이 열리길 바란다.

『긴 여행』속 가족과 함께 여행을 따라가다 보면 난민이 생기는 상황과 이들이 고향을 떠나 안전하고 새로운 삶의 터전을 찾기까지 겪게 되는 위험과 어려움을 자연스럽게 공감할 수 있게 된다.

『꼬마 난민, 아자다』에서는 주인공 아이의 꿈에 대해 생각해 보는

---

[*] 유엔난민기구 홈페이지(https://www.unhcr.or.kr), 유엔난민기구 2018 연례 보고서.

시간을 가질 것이다. 그 꿈은 여느 아이의 꿈과 다르지 않고 어쩌면 더욱 절박할 수밖에 없음도 깨닫게 될 것이다. 우리는 그 꿈을 응원하는 메시지를 작성해 보고, 그 메시지를 종이컵과 지끈으로 만든 기구에 실어서 아자다에게 보내는 퍼포먼스 활동을 해 볼 것이다. 아이들이 난민이 나와 다르지 않음을 깨닫고 우리에게 오는 긴 여행자, 난민을 환대하여 이웃으로 받아들이고 함께 살아가는 사회가 되길 희망한다.

[관련 인권 문서 및 법률 조항들]

- 난민의 지위에 관한 협약(Convention Relating to the Status of Refugees, 1951/ 1992 한국 가입, 1993 국내 발효)

- 이주노동자권리협약(International Convention on the Protection of All Migrant Workers And their Families, 1990)

- 난민법(2012)
  제2조 1항. "난민"이란 인종, 종교, 국적, 특정 사회집단의 구성원인 신분 또는 정치적 견해를 이유로 박해를 받을 수 있다고 인정할 충분한 근거가 있는 공포로 인하여 국적국의 보호를 받을 수 없거나 보호받기를 원하지 아니하는 외국인 또는 그러한 공포로 인하여 대한민국에 입국하기 전에 거주한 국가(이하 "상주국"이라 한다)로 돌아갈 수 없거나 돌아가기를 원하지 아니하는 무국적자인 외국인을 말한다.

이렇게 진행해 보세요

❏ **중심 활동**
- '우리 집 빙고게임'을 하고 이야기 나누기
- 그림책 『긴 여행』, 『꼬마 난민, 아자다』 함께 읽기
- '꼬마 난민, 아자다'에게 응원 메시지 쓰기와 메시지를 보낼 기구 만들기

❏ **우리가 고른 그림책**

- 『긴 여행』, 프란체스카 산나 글·그림, 풀빛

'여행'이라 말을 떠올리면 일상으로부터의 탈출, 낯선 곳에서 느끼는 자유로움과 새로움, 흥미롭고 두근거리는 설렘 등의 행복하고 따뜻한 감정이 일어난다. 그런데 '긴 여행'이라면? 행복하고 따뜻한 감정이 일기보다 고단하고 슬픈 감정이 먼저 떠오른다. 『긴 여행』의 주인공은 난민 가족이다. 어쩔 수 없이 정든 곳을 떠나 목숨을 건 여행을 시작하게 된다. 그 여정은 녹록지 않다. 이 가족은 여행의 최종 목적지에서 다시금 희망을 꿈꿀 수 있을까? 이 가족의 여정을 함께한 모든 사람들이 같이 희망을 꿈꾸고 그 꿈을 이뤄 주는 사람들이 되면 좋겠다.

• 『꼬마 난민, 아자다』, 자끄 골드스타인 글·그림, 주니어김영사

한 사진사와 분쟁 지역에 살고 있는 어린이의 우정이 가슴 아프게 담겨 있는 책이다. 사는 곳에 상관없이 어린이가 꾸는 꿈은 큰 차이가 없다. 그러나 분쟁 지역에 사는 어린이는 그 꿈을 이루기 위해 더 많은 어려움을 이겨 내야 하고, 주변의 도움 역시 더욱 절실하다. 우리 어린이들이 일상에서 경험하는 것들이 분쟁 지역에 사는 어린이에게는 결코 일상이 될 수 없다. 이 책을 통해서 난민 어린이들이 처한 환경과 그러한 환경 속에서도 꿈을 꾸고 그 꿈을 이루고자 하는 마음은 인간이 지닌 보편적인 정서라는 것도 깨닫게 된다.

❏ 준비물
- 필기도구, 빙고판*(2×2, 3×3, 4×4 빙고판)
- 종이컵, 지끈(색실, 리본 끈, 털실 등 다양한 끈), 색도화지, 풀, 셀로판테이프, 가위, 풍선, 포스트잇
- 그림책 『긴 여행』, 『꼬마 난민, 아자다』

❏ 활동 길라잡이

- '우리 집 빙고' 게임하기(활동 시간: 20분)
  - 게임 규칙을 알리기

---
* 활동 자료 우리 집 빙고판 1, 2, 3.

① 빙고판을 개인별로 나눠 준다.

② 빙고판을 나눠 가진 후에는 서로 이야기를 할 수 없다.

③ 빙고판은 서로 바꿀 수 없다.

④ 우리 집의 문화를 각 칸에 써넣는다.

⑤ 모든 칸을 까맣게 칠하는 사람이 게임에서 이긴다.

> **tip**
> '우리 집 빙고' 게임은 빙고 칸의 개수가 서로 차이가 눈에 띄도록 준비한다(2×2, 3×3, 4×4, 4×4판의 경우 일부 칸은 미리 내용을 적어 두어 모든 칸을 채우는 데 도움을 준다). 빙고판을 선택할 수 없는 것은 태어나는 환경을 선택할 수 없는 것과 연결되고, 칸 개수가 다름은 국제 사회질서가 불공정함을 의미한다.

- 게임 전 질문하기
  ▶ 모든 칸을 다 칠해야 하는 이 빙고 게임에서 이기려면 칸 개수가 많아야 할까요? 적어야 할까요?
- 게임 후 이야기 나누기
  ▶ 빙고게임에서 칸이 많은 빙고판을 받았을 때 기분은 어땠나요?
  ▶ 빙고게임에서 칸이 적은 빙고판을 받았을 때 기분은 어땠나요?
  ▶ 빙고판을 고를 수 있다면 어떤 빙고판을 고를 건가요?
  ▶ 좋은 빙고판을 받는 자리가 있다면 그 자리로 옮겨서 게임을 할 건가요?
  ▶ 정해진 빙고판이 만약 자신이 태어난 나라라고 생각해 보아요. 태어나는 곳을 내가 선택할 수 있을까요?

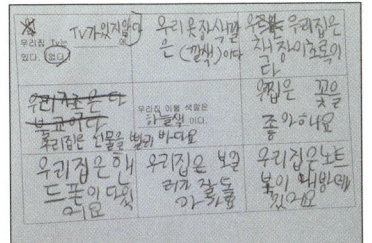
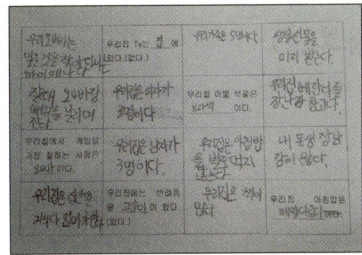
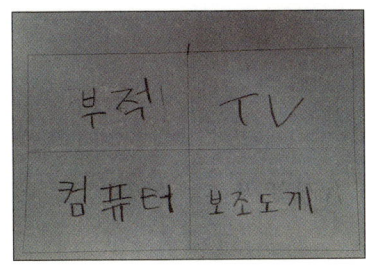

- **그림책 『긴 여행』 함께 읽기(활동 시간: 15분)**
- '여행' 하면 떠오르는 것은 무엇인가요?
- 이 가족에게 일어난 일은 무엇인가요?
- 가족들의 짐은 시간이 지날수록 어떻게 되었나요?
- 이야기 속 아이들은 자신들이 살던 곳을 떠날 때 기분이 어땠을까요?
- 제목이 '긴 여행'인 까닭은 무엇일까요?

[선택 활동] 그림책 『숨바꼭질』 함께 읽기(활동 시간: 5분)
- 두 소녀가 헤어지게 된 까닭은 무엇인가요?
- 소녀들의 기분은 어떨까요?
- 두 소녀에게 일어났던 역사적 사건이 무엇인지 알고 있나요?
※ 시간 여유가 있으면 6·25 전쟁을 배경으로 한 그림책 『숨바꼭질』을 함께 읽어 보아도 좋다.

- • '난민' 뜻 살펴보기(활동 시간: 5분)
- '난민'은 무슨 말일까요?
- '난민'은 왜 목숨을 잃을 만큼 위험함 또는 일상의 불편함, 가족과의 이별 등을 무릅쓰고 자기가 살던 곳을 떠나는 것일까요?
- ※ 난민과 이주민의 차이를 설명해 주면 난민의 보호가 더 긴급한 까닭을 이해하는 데 도움이 될 수 있다.

- • 그림책 『꼬마 난민, 아자다』 함께 읽기(활동 시간: 10분)
- 아자다가 사는 곳에서는 무슨 일이 일어났던 걸까요?
- 아자다가 하고 싶은 일은 무엇인가요?
- 아자다가 하고 싶은 일을 할 수 없다고 하는데, 그 까닭은 무엇일까요?
- 아자다가 안야의 가방 속 물건들을 꺼내 놓고 물끄러미 보고 있습니다. 무슨 생각을 하는 걸까요? 여러분이라면 무슨 생각을 할까요?
- 문화와 사는 곳이 다르면 보편적 정서(경계, 공감, 의지, 친밀, 슬픔, 기쁨, 희망 등)가 다를까요?

- • 『꼬마 난민, 아자다』의 기구를 만들고 응원 메시지 쓰기
  (활동 시간: 20분)
① 종이컵 옆면을 끝까지 8등분한다.
② 지끈을 100cm 정도로 잘라 반을 접는다.
③ 반으로 접은 지끈 고리를 자른 한쪽 면에 걸고 두 줄을 엇갈려 꼬며 옆면을 엮어 나간다. 다 엮은 지끈 끝은 엮인 지끈 사이에 집어넣어 마감한다.

④ 종이컵 옆면을 다 채울 동안 ③과 같은 방법으로 반복한다.
⑤ 자른 종이컵 옆면을 모두 엮어 바구니 모양을 만든다.
⑥ 종이컵이 기구 바구니가 되고 막대와 종이, 풍선 등으로 기구 풍선을 만든다.
⑦ 기구에 '꼬마 난민 아자다'를 위한 응원 메시지를 적는다.
※ 종이컵에 지끈을 엮는 과정을 어려워하면, 지끈 엮기를 생략하고 종이컵 옆면을 장식하여 그대로 기구를 만들도록 한다.

❑ 정리하기(활동 시간: 5분)
• 우리는 '난민'과 친구가 될 수 있을까?

[선택 활동]

수직선에 서 보기(표시하기)

- 난민 활동을 시작하기 전 "우리 동네에 난민이 오는 것을 찬성한다." 등과 같은 문장을 보고, 1~10까지 표시된 수직선 위(완전 동의 10에서 완전 반대 1)의 자기 의견이 해당하는 곳에 표시해 놓는다. 활동이 모두 끝난 후 다시 표시해 보면서 모두의 생각이 어떻게 변했는지 시각적으로 확인해 볼 수 있다.

◘ 활동 자료

우리 집 빙고판 1

우리 집 빙고판 2

우리 집 TV는
_____에
있다. (없다.)

우리 집
이불 색깔은
_____이다.

우리 집 빙고판 2

우리 집 TV는
_____에
있다. (없다.)

우리 집
이불 색깔은
_____이다.

우리 집에서
게임을 가장
잘하는 사람은
_____이다.

우리 집에는
반려동물
_____이
있다. (없다.)

우리 집
아침밥은
_____이다.

❏ 읽기 자료

　2018년 10월 서울 아주중학교 학생 중 한 명의 난민 신청이 받아들여졌다. 8살에 2010년 사업가인 아버지를 따라 한국에 들어온 ○○군은 한국에서 학교를 다니며 기독교로 개종했다. 이런 이유 때문에 다시 이란으로 다시 돌아갈 수가 없게 되었다. ○○군에게는 난민 지위 인정 여부는 생사를 가르는 문제가 되었다. 이후 2016년 한국 정부에 난민 신청을 했고 그 과정에서 ○○군의 학교 친구들도 발 벗고 나서 청와대 국민청원과 1인 시위 등을 함께 진행했다. 이런 노력들이 모여 결국 난민 지위를 인정받는 결실을 얻게 되었다. 당시 아주중학교 학생회가 낸 입장문이 잔잔한 감동을 주며 화제가 되었는데 우리 사회가 가지고 있는 난민에 대한 선입견과 편견을 되돌아보게 해 주는 계기가 되었다.

〈입장문〉

이름은 잊혀지고 사건은 기억되어야 합니다
- 이란 친구의 난민 인정을 환영하며-

　상상해 봤으면 합니다. 당신이 태아이고 어머니의 국적을 모른다면 어떻게 하시겠습니까? 어머니는 한국인일 수도 있고 미국인일 수도 있지만 시리아인이거나 예멘인, 이란 사람일 수도 있습니다. 그래도 당신은 난민에 대해 반대하며 추방하자고 말할까요?
　다행히 운 좋게도 우리는 대한민국에서 태어났습니다. 내전도 없고, 정치적·종교적 자유도 억압되지 않는 나라인 대한민국에 말입니다. 그러니 우리는 '난민은 내 문제가 아니라 너희 문제이니 우리 집을 더럽히지 말라'면서 문을 닫아야 하는 걸까요?

이제 우리는 우리의 친구가 받았던 상처를 치유하고 일상으로 돌아가 편안한 삶을 누리기를 소망합니다. 이란 친구뿐 아니라 그를 돕는 우리 학생들 모두 같은 이유로 잊혀지기를 원합니다. 다만, 여전히 불안한 삶을 살아가고 있을 많은 사람들을 기억했으면 합니다.

그러나 이번 일련의 과정은 기억되어야 합니다. 이제 시작인 난민인권운동의 작은 이정표인 탓에, 팍팍하고 각박한 우리 사회에 던지는 사회적 약자를 위한 위대한 첫 발자국인 탓에, 여전히 세상의 어둠 속에서 빛을 찾고 있는 이름 없는 사람들이 의지할 희망의 한 사례가 되는 탓에.

우리 친구가 난민으로 인정받기까지 참으로 많은 분들이 도움을 주셨습니다. 특히 두 분께 감사드립니다.

조희연 교육감님. 가장 먼저 우리를 찾아와 주셨고 우리와 함께 동행하며 고난을 겪으셨습니다. 7만 교사와 수십만 학생의 수장으로서 우리의 든든한 의지처가 되어 주셨습니다.

염수정 추기경님. 수많은 사람을 만나 우리의 사정을 전해 주셨습니다. 행동하는 믿음이 무엇인지 참 성직자가 무엇인지 몸으로 직접 보여 주셨습니다. 우리는 이분들이 있어 자랑스럽습니다.

그리고 전향적인 난민 인정 결정을 내린 서울출입국청심사관님께도 경의를 표합니다. 이번 결정이 출입국청이 난민 감별사가 아니라 난민 인권의 파수꾼으로 거듭나는 계기가 되기를 바랍니다.

마지막으로 우리의 친구가 의지하는 하느님, 감사합니다.

2018. 10. 19.
아주중학교 학생회

이란 소년 ○○군과 아주중학교 친구들을 만나다 (2)
난민 친구 돕겠다 나선 이유(feat. 디아스포라 영화제) | APILOGUE
https://www.youtube.com/watch?v=TzI6T0npFbU

❏ 함께 보면 좋은 그림책들

숨바꼭질
김정선 글·그림, 사계절

징검다리
마그리트 루어스 글,
니자르 알리 바드르 사진, 이마주

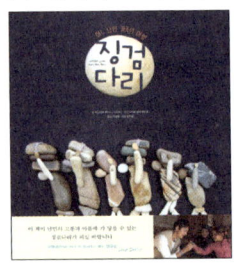

평화 마을을 찾아서
상드린 뒤마 루아 글,
제롬 페라 그림, 봄볕

나는 바다 위를 떠도는
꼬마 난민입니다
니콜라우스 글라타우어 글,
베레나 호흐라이트너 그림, 우리학교

세계시민수업: 난민
박진숙 글, 소복이 그림, 풀빛

도착
숀 탠 지음, 사계절

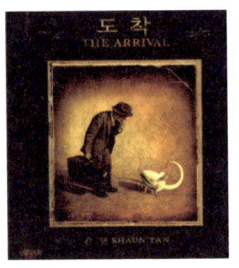

내 이름은 난민이 아니야
케이트 밀너 글·그림, 보물창고

난민 친구가 왔어요
엘리즈 그라벨 글·그림, 북뱅크

나도 난민이 될 수 있다고요?
베랑제르 탁실, 에밀리 르냉 글,
하프밥 그림, 개암나무

❏ 함께 읽으면 좋은 책들

희망을 향한 끝없는 행진 난민
하영식 지음, 사계절

내가 본 것을
당신도 볼 수 있다면
정우성 지음, 원더박스

난민, 난민화되는 삶
김기남·김현미 외 지음, 갈무리

난민, 멈추기 위해
떠나는 사람들
하영식 지음, 뜨인돌

난민 이야기
수잔 섀들리히 글, 알렉산더
폰 크노레 그림, 니케주니어

있지만 없는 아이들
은유 지음, 창비

❏ 영화 및 영상 자료

가버나움
2018, 레바논

뷰티풀 라이
2014, 미국

쥬피터스 문
2017, 헝가리·독일·프랑스

- 공익법센터 어필APIL: 인권변호사가 설명하는 세계 난민의 날 그리고 난민? 초중고 학생 난민의 날 계기교육
  https://www.youtube.com/watch?v=z6snX-JWGCY

- 유엔난민기구: 2019 난민 동향
  https://www.youtube.com/watch?v=qT3i753PrUo&t=183s

- 유니세프 이슈: 드라마 같은 난민 어린이 '실화' 무스타파의 피난길
  https://www.youtube.com/watch?v=KTJ5MEX_MBs

- 유니세프 이슈: 드라마 같은 난민 어린이 '실화'… 말락과 고무보트
  https://www.youtube.com/watch?v=S2K9H5h34_k

10.
연대

"연대는 힘이 세다"

 인권을 이야기하다 보면 늘 끄트머리에서 고개를 내밀고 인권의 핵심은 '나야 나'라고 외치면서 툭 튀어나오는 것이 있다. 바로 '연대Solidarity'다. 왜 그럴까? 인권과 연대가 어떤 관련이 있길래 인권의 핵심을 연대라고 말하는 걸까? 이 장에서 우리가 아이들과 함께 풀어 보고 싶은 궁금함이다.

 연대는 '만약 내가 같은 처지에 있다면'이라는 전제에서 출발한다. 내가 내 힘만으로는 해결하기 어려운 어떤 상황에 놓였을 때, '당신을 응원할게요', '작은 힘이지만 보탤게요', '주변에 같이 알릴게요'라고 말하면서 용기를 주고 도움을 주는 손길이 있다면, 나는 그 일을 회피하지 않고 헤쳐 나가는 힘을 낼 것이다. 공익제보나 내부고발을 해야 하는 상황, 부당한 인권침해를 당하는 상황, 불의에 저항해야 하는 상황이라면 이런 연대의 손길은 더욱 절실해진다. 나도 그런 상황에 놓일 수 있기 때문에 지금 그런 상황에 처한 이들과 연대할 수 있는 것이다. 연대하려는 문화가 잘 갖추어진 사회일수록 인권은 더 크게 기지개를 켤 수 있다. 연대는 '인권을 신장시키려는 사회적 실천'을 위한 안전망인 셈이다.

 또한 현대 사회에서 인권의 문제는 한 개인 차원을 넘어서 공동체 전체의 인권이라는 차원으로 확장되고 있다. 환경 문제, 노동 문제, 자원 문제, 물 문제, 전쟁과 난민의 문제, 배타적인 인종차별 문제, 여성/성 불평등 문제, 부의 불평등과 분배의 문제, 남북 빈곤의 문제 등 지구가 직면하고 있는 문제들은 하나같이 긴급하면서도 한 개인을 넘어서는 인류 전체의 인권 문제들이다. 이 문제들은 서로서로 분리 불가능한 연결 고리들을 가지고 있다. 한 나라의 아동 노동의 문제가 그 나라만의 제도에서 오는 문제이겠는가? 후쿠시마 원전 사태가 비단 일본만의 문제이겠는가? 미세먼지 문제가 단지 개인이 마스크를 쓰느냐 마느냐의 문제가 아닌 것처럼, 현대 인권 문제들은 개인이나 특정 집단의 노력만으로 해결할 수 없는 인류 전체의 노력과 연대가 필요한 사안들이다.

이런 맥락에서 인권교육도 단순히 한 개인에게 인권에 대한 지식을 전달하거나, 인권감수성을 향상시키는 것에 그치지 않고 공동체 일원으로서 실천해야 할 연대의 책임을 깨닫게 하는 데 그 궁극적인 목적이 있다. 비록 나와 직접적인 관련이 없을지라도, 인권의 원칙에 도전하는 반인권적 상황을 외면하지 않고 '사회적 연대'를 통해 바로잡기 위해 노력해야 하는 까닭은 인권에 관한 한 우리 모두는 '이미' 당사자이기 때문이다.

여기서는 두 권의 그림책을 함께 읽고 연대가 필요한 다양한 까닭을 아이들과 이야기해 보려고 한다.

그림책 『로쿠베, 조금만 기다려』는 큰 구덩이에 빠진 강아지 로쿠베를 구하기 위해 고민하는 아이들과 그냥 무심코 지나치는 어른들을 대비한다. 아이들이 자기 친구, 가족처럼 로쿠베가 처한 상황을 안타까워하며 구하기 위해 애쓰는 모습을 보면 마음이 참 따스해진다. 내가 만약 구덩이에 빠진 로쿠베라면 어떨까? 무섭고 두렵고 외롭겠지만 구덩이 바깥에서 나를 위해 애쓰는 어린 친구들이 있는 한 희망을 놓지 않을 것이다. 반면에 나와는 상관없는 일이라며 그냥 지나쳐 버리는 어른들만 있는 세상이라면 어떨까? 이런 질문들을 생각해 보도록 함으로써 아이들이 자연스럽게 연대에 대해 직관적으로 이해하는 데 도움을 줄 수 있을 것이다.

또 한 권의 그림책 『양들은 파업 중』은 양들이 파업하기로 결정한 까닭에 주목하고, 그 까닭이 인권과 어떤 연관이 있는지 생각해 보도록 안내하는 데 도움을 줄 것이다. 양들의 파업에 대해 다른 동물들이 어떤 생각을 하고 어떤 실천을 하는지 살펴봄으로써 연대가 구체적으로 어떻게 이루어지는지도 생각해 볼 수 있을 것이다.

마지막으로 아이들과 함께 연대를 어렵게 하고 방해하는 것들을 생각해 볼 수 있을 것이다. 자신들의 직간접적인 경험을 바탕으로 연대를 어렵게 하는 다양한 요소들을 포스트잇에 써 보고 도미노에 붙여 쓰러트리는, 연대를 극복하는 모습을 상징하는 활동을 넣었다. 이 과정에서 연대와 관련된 어려움을 극복하기 위한 다양한 방법들도 같이 생각해 보면 더욱 의미가 있을 것이다.

[관련 인권 문서 및 법률 조항들]

• 세계인권선언(Universal Declaration of Human Rights, 1948)
제1조 모든 사람은 태어날 때부터 자유로우며 그 존엄과 권리에 있어 동등하다. 인간은 천부적으로 이성과 양심을 부여받았으며 서로 형제애의 정신으로 행동하여야 한다.

이렇게 진행해 보세요

❏ **중심 활동**
- '공감 인사' 나누기 활동
- 그림책 『로쿠베, 조금만 기다려』, 『양들은 파업 중』 함께 읽기
- 연대를 방해하는 것들에 대해 이야기 나누고, 도미노 블록을 만들어 '도미노 게임'을 한다.

❏ **우리가 고른 그림책**

- 『로쿠베, 조금만 기다려』, 하이타니 겐지로 글, 초 신타 그림, 양철북

구덩이에 빠진 로쿠베가 누구 소유의 개라는 것은 나타나 있지 않다. 그 누구의 소유가 아님에도 구덩이에 빠진 로쿠베를 구하기 위한 아이들의 모습이 매우 감동적인 그림책이다. 무엇보다도 어른들의 '네 개도 아닌데 뭘 그렇게 신경 써'라는 식의 무관심과 달리, 아이들의 생명에 대한 존중과 로쿠베의 고통과 두려움에 공감하며 함께 나누는 모습이 따뜻함을 전해 준다. 당장은 내가 아니지만, 우리는 모두 구덩이에 빠질 수 있는 당사자이다. 그 고통의 구덩이를 그대로 둔다면 누군가 또 빠질 수 있으므로 구덩이를 반드시 어떻게 해야만 한다. '연대'라는 사회적 실천은 바로 이렇게 출발하는 게 아닐까를 생각하게 하는 그림책이다.

• 『양들은 지금 파업 중』, 장 프랑수아 뒤몽 글·그림, 봄봄출판사

자신의 권리를 지키기 위한 양들의 파업을 소재로 현대 사회의 '노동 소외' 문제와 이를 해결하는 방법을 간결하게 다루고 있는 것이 파격적이다. 양들이 털깎기를 거부하며 파업을 할 때, 왜 파업을 하는지 관심을 갖고, 그 파업에 어떻게 연대해야 하는지 고민하는 농장 동물들의 모습은 내 일이 아니면 나 몰라라 하는 우리 모습을 돌아보게 한다. 일상에서 일어나고 부딪히는 여러 딜레마적 상황에 대해 서로 대안을 찾아가는 과정, 특히 어떻게 해야 상대방을 이해하고 존중하면서 문제를 해결할 수 있는지를 잘 보여 주는 그림책이다.

❏ 준비물
- 필기도구, 『로쿠베, 조금만 기다려』 등장인물 카드, 말풍선 모양 등 포스트잇, 도미도 블록

❏ 활동 길라잡이

• 공감 인사 나누기(활동 시간: 10분)
- 오늘 자신의 기분을 수식어로 넣어 소개하면, 다른 사람들이 잘 경청하고 공감하기
  (예시) "나는 오늘 숙제를 못 해 와서 속상한 영희야."
    ⇨ "그래서 우울해 보였구나…."
  (예시) "나는 오늘 학원을 하나도 안 가게 되어 신이 난 철수야."

⇨ "와!~ 좋겠다."

> **tip**
> 연대는 공감에서 출발한다. 아이들과 공감 인사로 활동을 시작해 보자. 오늘 또는 최근에 자신에게 일어난 일들을 떠올리면서 예시와 같이 자신의 상황을 나타내는 소개를 하고, 거기에 다른 친구들이 공감을 나타내는 말을 해 주면 된다.

- 그림책 『로쿠베, 조금만 기다려』 함께 읽기(활동 시간: 30분)
  - 내가 로쿠베처럼 구덩이에 갇히는 어려움을 당한다면, 어떤 마음이 들까요?
  - 엄마들과 아저씨, 어른들이 지나가며 한 말들은 무슨 뜻일지 이야기 나눠 보기
  - 아이들은 왜 로쿠베를 구출하려 애를 썼을까요?
  - 로쿠베를 들어 올린 후 구덩이는 어떻게 해야 할까요?
  - 아이들은 어른들에게 어떤 말을 듣기를 바랐을까요? 내가 만약 어른이었다면 어떤 말을 했으면 아이들이 좋아했을까요?
  - ※ 등장인물 카드* 위에 내가 하고 싶은 말을 생각해 쓰거나 말풍선 포스트잇에 써서 크게 인쇄된 그림책** 해당 장면에 붙이기

- 그림책 『양들은 파업 중』 함께 읽기(활동 시간: 20분)
  - 시위, 집회, 파업의 뜻 짚어 보기
    ※ 진행자가 간단히 낱말 뜻을 알려 주어도 좋다.
  - 양들이 파업을 한 이유 생각해 보기
  - 양들처럼 억울하거나 불공평하다고 느낀 경험 나누기
  - 내가 파업하고 싶을 때는 언제이고, 그 이유는 무엇인가요?

---
* 활동 자료 1 『로쿠베, 조금만 기다려』 〈등장인물 카드〉.
** 활동 자료 2 〈등장인물 카드 붙이기〉.

- 다른 동물들은 양들을 위해 밤새 어떤 일을 했나요? 그리고 왜 그 일을 했나요?
- 인권을 침해받는 상황에서 함께 할 수 있는 연대 활동 찾아보기
  ※ 인권침해 상황을 한두 가지 제시해서 진행해도 좋다.

• **연대의 의미 알기(활동 시간: 5분)**
- 로쿠베를 구하기 위해 함께 한 일들, 양들의 파업을 지지하기 위해 했던 일들을 어떤 말로 표현할 수 있을까요?
- 연대와 비슷한 말 찾아보기
- '협동', '단결', '연대'는 모두 같은 뜻인가요?
- '협동'과 '단결'이 '연대'와 다르다면, 어떻게 다른 것인가요?

> **tip**
> 연대라는 말 자체를 처음 듣거나 낯설어한다면, 비슷한 의미의 낱말들을 이용해서 직관적으로 연대의 의미에 접근할 수 있도록 도와주는 것도 좋겠다. 선택 활동은 PPT 자료 등을 이용해서 연대에 대한 좀 더 깊은 이해를 돕기 위해 마련했다. M. 누스바움의 선택적 공감의 위험성, 공동체 지수, 사회적 안전망 등과 연대의 연관성을 생각해 보게 했다.

• **선택 활동-연대는 강하다(활동 시간: 5분)**
- 〈연대는 강하다〉* 자료를 같이 보면서 다음 질문들에 대해 생각 나누어 보기
- 만약 나라면 어떨까요? 공감이란 무엇일까요?
- 내가 어려움에 처했을 때 누군가가 나를 도와줄 것이라는 믿음이 있나요?

---

* 활동 자료 3 〈연대는 강하다〉 PPT 자료 참고.

- 직업을 잃거나 다쳤을 때, 배우고자 할 때, 집이 없을 때 내 삶은 어떨까요?
- 이런 상황에서 나를 도와줄 수 있는 것에는 무엇이 있을까요? 이 것과 연대는 어떤 연관이 있을까요?
- 연대를 잘하는 사회는 좋은 사회라고 할 수 있을까요?

• 연대를 어렵게 하는 것에는 어떤 것들이 있을까요?-도미노 게임
 (활동 시간: 20분)
- 〈도미노 게임 방법〉

▶ 도미노 블록 크기에 맞는 포스트잇과 필기도구를 나눠 갖는다.
▶ 연대를 방해하는 것들이나 말들을 포스트잇에 쓴다.
▶ 연대를 방해하는 것들이나 말들을 쓴 포스트잇을 도미노 블록에 붙인다.
▶ 쓰러지지 않도록 모든 도미노를 세운다.
▶ 우리의 연대를 어렵게 하고 가로막는 것들을 무너뜨리는 활동으로, "연대하자"를 외치며 도미노를 쓰러뜨린다.
- 연대가 필요한 이유와 연대를 실천하는 방법들에 대해 이야기를 나누면서 활동을 마무리한다.

※ 연대와 관련해서 더 깊이 생각해 보고 싶다면 아래 제시된 문제들도 다루어 볼 수 있다.
▶ 힘이 약한 사람들만 연대가 필요한가?
▶ 강자들의 기득권을 위한 연대도 연대라고 할 수 있을까?
▶ 인권에서 '연대'란 어떤 의미인가?
▶ 인권에서 연대는 왜 중요한가?

❏ 활동 자료 1

등장인물 카드

엄마들 1

"내가 엄마들이라면" 어떻게 말했을까?

엄마들 2

"내가 엄마들이라면" 어떻게 말했을까?

엄마들 3

"내가 엄마들이라면" 어떻게 말했을까?

지나가는 아저씨

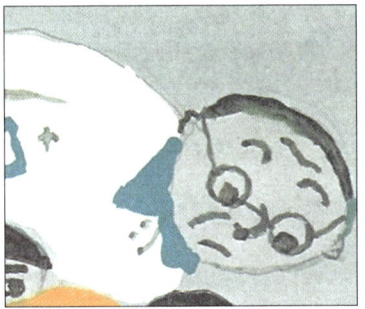

"내가 아저씨라면" 어떻게 말했을까?

❏ 활동자료 2

등장인물 카드 붙이기

장면 1. 엄마들

장면 2. 지나가는 아저씨

❑ 활동 자료 3

〈연대는 강하다〉 PPT 자료

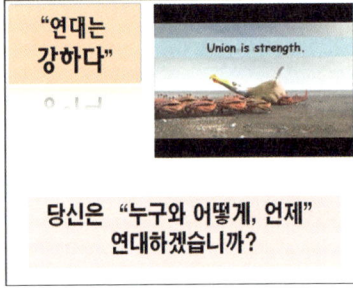

❑ 읽기 자료

어린이들이 일구어 낸 평화를 위한 연대

종이학에 담긴 소원

　사사키 사다코(1943~1955)는 제2차 세계대전 중이었던 1943년에 일본에서 태어났다. 그녀가 3살이었던 1945년은 미국과 일본이 태평양 식민지들을 두고 싸웠던 태평양 전쟁이 막바지에 이르렀을 때였고 결국 그해 8월 6일 히로시마에 인류 최초로 실전에 사용된 원자폭탄이 떨어졌고 전쟁은 일본의 항복으로 마무리되었던 해였다.

　하지만 그 핵폭발로 히로시마에 살던 수많은 사람들이 목숨을 잃었고 당시 3살이었던 사다코는 대피하는 과정에서 낙진(검은 방사능 비)을 맞고 말았다. 그리고 그 낙진은 13살이 되던 해에 백혈병을 얻게 만들었다. 아주 어린 나이에 백혈병으로 병원에 입원해 투병하던 사다코를 응원하기 위해 나고야 지역의 고등학생들이 접어서 선물해 준 종이학을 받게 되었다. 일본에서는 종이학을 천 마리[센바즈루千羽鶴] 접으면 소원이 이루어진다고 해서 병문안을 가거나 누구를 방문할 때 종이학을 접어 선물하는 풍습이 있다고 한다. 이 일을 계기로 사다코와 주변 사람들은 사다코의 회복을 기원하면서 1,000마리의 종이학을 접기 시작했다. 하지만 소원은 이루어지지 않았고 1955년 13살의 나이로 세상을 떠나고 말았다.

　이 안타까운 소식은 일본뿐만 아니라 전 세계에 알려지게 되었다. '히로시마 평화를 이루는 어린이 학생모임'이 만들어져 전쟁

10. 연대　213

과 핵폭탄으로 인해 사망한 어린이들의 영혼을 위로하고 또 다른 사다코가 나오지 않도록 하자는 취지로 평화의 동상(종이학 히로시마 원폭 어린이 동상)을 건립하자는 운동이 이루어졌고, 3년 후인 1958년에 세워졌다. 연대의 손길은 단순히 동상을 세우는 것에 머무르지 않고 지속적인 전쟁과 핵폭탄이 없는 지구촌을 위한 평화운동의 상징이 되고 있다. 지금까지도 세계 여러 곳에서 평화 교육 프로그램 차원에서 종이학을 접어 이곳으로 보내는 활동이 이루어지고 있으며, 매년 수천만 마리의 종이학이 이런 마음을 담아 이 동상에 전해지고 있다.

핵무기를 내려놓게 만든 편지

1983년 한 소녀의 편지는 미국과 소련(현재 러시아) 두 강대국의 핵무기 감축 시대를 여는 작은 문을 열었다. 소련의 새 지도자 유리 안드로포프Yuri V. Andropov가 등장하자 서구 언론들은 세계가 다시 전쟁의 위협에 휘말리게 만들지도 모르는 지도자라며 우려를 나타내는 기사를 쏟아 냈다.

당시 12살이던 사만다 스미스(1972~1985)는 이런 걱정을 담은 편지를 유리 안드로포프에게 보냈는데 그 편지가 소련의 대표적인 신문인 〈프라우드〉지에 실리고 이에 유리 안드로포프가 사만다에게 보낸 답장이 세상에 알려지면서 두 강대국이 평화를 향해 한 걸음 전진하게 되는 계기를 만들었다.

친애하는 안드로포프 서기장님께

저는 사만다 스미스이며 10살입니다. 새로운 서기장이 되신 것을 축하드립니다. 저는 미국과 소련이 핵전쟁을 할까 봐 걱정해 왔습니다. 서기장님은 정말 전쟁을 하길 원하시나요? 만약 그게 아니라면 전쟁을 막기 위해 무엇을 하실 건지 답변 부탁드립니다. 여기에 대해 답변하지 않으셔도 되지만, 저는 서기장님이 세계 혹은 최소한 우리 미국을 정복하고 싶어 하는 이유에 대해 알고 싶습니다. 신께서는 우리가 싸우지 말고 평화롭게 지내라고 이 세상을 만드셨습니다. 존경하는 마음을 담아.

이 편지에 대해 안드로포프가 보낸 답장의 일부분이다.

친애하는 사만다.

최근 저는 사만다 양뿐만 아니라 다른 나라에서도 비슷한 내용의 편지를 받았습니다. 사만다 양은 마크 트웨인의 유명한 소설책인 『톰 소여의 모험』에 나오는 베키를 닮은, 용감하고 정직한 소녀 같습니다. 이 책은 우리 소련에도 잘 알려져 있으며 모든 사람들에게 사랑받고 있습니다. (중략)

미국과 소련에는 한 번에 수백만 명의 사람을 죽일 수 있는 핵무기가 있습니다. 하지만 우리는 결코 핵무기 사용을 원치 않습니다. 소련은 절대로 먼저 핵무기 공격을 하지 않겠다고 엄숙히 선언한 바 있으니까요. 우리는 핵무기 추가 개발을 중단하고 지구에 있는 모든 비축 무기의 폐지를 제안하고 있습니다.

이 정도면 사만다 양이 "서기장님이 세계 혹은 최소한 우리 미국을 정복하고 싶어 하는 이유에 대해 알고 싶습니다"라고 질문한 데 대해서 충분한 답이 되었다고 봅니다. 규모가 크든 작든 간에 전쟁을 원하는 사람은 노동자, 농민, 작가, 의사, 어른, 정부 각료 중에 그 누구도 없습니다.

우리는 밀을 경작하고, 무언가를 건설하고 발명하며, 책을 쓰고 우주여행을 하는 그런 평화를 원합니다. 지구상의 모든 이들을 위해, 우리의 아이들을 위해, 또한 사만다 양을 위해서도요.

만약 사만다 양의 부모님이 허락한다면, 사만다 양을 이번 여름의 적절한 시기에 우리 소련으로 초대하고자 합니다. 편지 주셔서 감사합니다.*

이후 사만다는 소련을 방문했고 소련 TV에 출연하면서 소련 사람들뿐만 아니라 세계인의 사랑을 받았지만, 14살이 되던 해 비행기 사고로 짧은 생을 마감하였다.

그러나 이후 전 세계 수많은 아이들이 미국과 소련 두 나라의 지도자에게 평화를 바라는 마음을 담은 편지들을 보냈고, 1987년 12월 마침내 미국과 소련은 핵무기를 감축하는 조약을 체결하게 되었다. 이 조약을 체결한 고르바초프 서기장은 아이들이 보내온 수십만 통의 편지에 큰 영향을 받았다고 인터뷰를 했다. 편지를 쓰는 작은 실천들이 모이고 모여 세상을 바꾼 연대를 만들어 낸 것이다.

---

* 출처: 위키백과(https://ko.wikipedia.org/wiki).

평화투표로 의견을 전달하다*

'콜롬비아 어린이 평화운동The Children's Peaced Movement in Colombia'은 평화투표를 통해 평화운동을 이끌어 내 노벨평화상 후보에 여러 차례 올랐다. 콜롬비아는 오랜 기간 내전으로 어려움을 겪고 있었다. 이런 상황에서 1996년 콜롬비아 전역에서 어린이들이 모여 '어린이 평화운동기구CPMP'를 창설했고 회원이 10만 명이 넘을 정도로 성장했다. 이들은 평화 투표를 계획했고, 그 실행을 통해 270만 명의 어린이들이 인권이 가장 중요하다는 점을 확인하는 결과를 얻었다. 삶과 평화를 위한 권리에 압도적으로 표를 몰아 주었던 것이다.

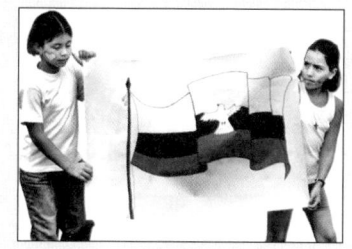

이 투표에 영향을 받은 어른들은 이듬해 콜롬비아 선거 사상 처음으로 선거 당일 게릴라 무력 충돌을 없애는 데 동의했다. 1,000만 명의 어른들이 아이들이 보낸 일종의 평화 메시지에 동참한 것이다.

콜롬비아 소녀 파클스는 "현대 사회의 어른들은 아이들이 귀엽고 착하고 예쁘다고 생각할 뿐 그 이상을 보지 못한다. 그래서 우리는 세상에서 아이들의 역할도 커져야 한다는 것을 보여 주고 싶다. 심각한 위기를 겪고 있는 나라들 속에서 때로 아이들이 문제를 해결하는 데 도움을 주기도 한다. 모든 나라가 아이들은 그 나라의 미래라고 말한다. 하지만 우리에게 아이들은 미래가 아니라 모두 함께 만들어 가고 있는 현재이다."

---

* 메리 와인 에슈포드 외, 『평화 만들기 101』, 동녘, 2011, 222-223쪽.

❏ 함께 보면 좋은 그림책들

내가 라면을 먹을 때
하세가와 요시후미 글·그림,
고래이야기

세상에서 가장 용감한 소녀
매튜 코델 글·그림, 비룡소

사자와 세 마리 물소
몽세프 두이브 글, 메 앙젤리 그림,
분홍고래

으뜸 헤엄이
레오 리오니 글·그림, 마루벌

우리 엄마는 청소노동자예요!
다이애나 콘 글, 프란시스코
델가도 그림, 고래이야기

우산을 쓰지 않는 시란 씨
다니카와 슌타로, 국제앰네스티 글,
이세 히데코 그림, 천개의바람

❏ 함께 읽으면 좋은 책들

빈곤과 공화국
−사회적 연대의 탄생
다나카 다쿠지 지음, 문학동네

연대한다는 것
서영선 글, 임미란 그림,
장수하늘소

심야인권식당
류은숙 지음, 따비

❏ 영화 및 영상 자료

김복동
2019, 한국

런던 프라이드
2014, 영국

나, 다니엘 블레이크
2016, 영국

• 다큐멘터리 3일 〈광화문 광장 72시간〉 KBS, 2016

11.
재난

"넌, 감기 걸린 물고기야!"

허리케인 카트리나가 뉴올리언스를 덮쳤을 때, 멕시코만 연안 전역에서 친척이나 이웃, 혹은 생면부지의 타인들이 손을 내밀고, 인근 지역과 멀게는 텍사스에서 보트를 소유한 수많은 사람들이 뉴올리언스로 달려와 고립된 사람들을 구조한 덕분에 수천 명이 목숨을 건졌다. 반면 경찰과 방범대원, 정부 고위 관료, 대중매체는 뉴올리언스 시민들이 너무 위험해 침수되고 오염된 도시에서 대피시킬 수 없으며, 심지어 병원에 있는 환자들조차 구조할 수 없다고 결정하는 바람에 수백 명이 목숨을 잃었다. 탈출을 시도하는 사람들 중 몇몇은 총부리에 겨눠져서 돌려보내지거나 사살되었다. (중략) 카트리나는 재난 속에서 벌어지는 상황을 극단적으로 보여 주는 사례였다. 엄청난 재난이 닥쳤을 때 우리가 보이는 행동은 우리가 이웃을 재난의 참혹한 피해보다 더 큰 위협으로 여기느냐, 아니면 집과 상점에 있는 재산보다 더 소중하게 여기느냐에 달려 있다. 믿음이 행동을 결정한다. 그리고 우리의 행동은 자신과 타인의 생사를 결정한다. 일상생활에서도 마찬가지지만 재난 상황에서는 더더욱 그렇다.

레베카 솔닛, 『이 폐허를 응시하라』 중에서

2020년 전 세계가 겪었던 코로나19 사태는 14세기 유럽을 초토화했던 흑사병을 떠올리게 할 만한 세계사적 재난으로 기록될 것이다. 어떤 사람은 코로나19 이전과 이후로 문명사를 갈라야 한다고 말할 정도다. 세계 대다수 나라에서 사람들이 모이는 공공장소 및 기관, 학교가 문을 닫았고 거의 모든 비행기들이 멈추었다. 세계화라는 말이 무색할 정도로 국경들이 굳게 닫혔다. 사람들은 일자리를 잃었고, 자유롭게 다니지 못했으며, 공연장들은 문을 닫아야 했다. 심지어 어떤 지역에서는 전쟁보다도 더 많은 사람들이 코로나19 바이러스로 인해 생명을 잃었다.* 이 바이러스가 세계를 멈춰 버리는 데 걸린 시간은 불과 6개월이 채 되지 않았다.

  코로나19 사태는 다양한 분야에 걸쳐 인류의 삶을 전반적으로 돌아보게 하는 계기를 제공했다. 방역 시스템은 물론이고 의료체계, 경제, 정치, 시민의식, 교육, 공공재와 기본소득, 환경과 생태, 기후위기, 계급, 인종 문제와 혐오와 난민, 노인, 지구적 불평등 등 그 주제와 영역은 가히 전방위적이다. 그중에서도 특히, 재난을 바라보는 관점에 대해 진지한 성찰을 요구하고 있다. '재난을 한 개인의 불운으로 돌리지 않고 그 개인이 속한 공동체 모두의 문제, 즉 공공의 문제이고 인권의 문제임'을 가장 근본적이고 직접적으로 우리에게 환기시키고 있다. 우리가 이 주제를 다룬 것도 이런 이유에서다.

  우리는 쓰나미와 홍수 같은 자연재해, 대형 산불, 미세먼지와 핵 사고와 같은 환경재난, 전쟁과 난민 등 각종 예기치 못한 재난 상황들을 다루고 있는 자료들과 그림책을 준비했다. 아이들은 그 속으로 들어가

---

* 2021년 6월 말 기준 세계보건기구(WHO)에 따르면 전 세계 확진자는 1억 7,800만 명, 사망자 수는 380만 명에 이른다. 1918년 스페인 독감으로 4,000만~5,000만 명이 사망한 이후 지난 100년 동안 가장 많은 사람의 생명을 앗아 간 세계적인 전염병으로 기록되고 있다.

재난과 관련된 인권 문제를 마주하고 탐구하게 될 것이다. 각종 재난마다, 심지어 같은 재난, 같은 마을이라도 사람마다 처한 상황에 따라 시급하게 보호해야 하는 서로 다른 기본권들이 있다는 점, 또 이런 재난을 극복하는 과정은 한 개인의 힘만이 아니라 공동체(마을, 시민사회, 정부 등) 모두의 노력이 필요하다는 점도 발견하게 될 것이다.

또한 우리가 고른 그림책 『감기 걸린 물고기』를 통해 '소수자에 대한 혐오와 배제' 문제에도 접근해 보려 했다. 때때로 이 문제는 재난과 같은 상황에서 가장 비겁한 책임 회피/전가 수단으로 사용되곤 한다. 선택 활동으로 제안한 『누가 가장 큰 죄를 지었나?』도 이 문제에 접근할 수 있는 좋은 그림책이다.

마지막으로 재난을 극복하는 과정에서 인권과 관련된 주요한 가치들(연대, 용기, 배려, 존중, 나눔, 공감과 관심, 비판과 저항 정신 등)을 보여 준 평범한 이웃을 찾아보는 과정을 담았다. 레베카 솔닛의 말처럼 어떤 것들은 재난 속에서 혐오와 차별로 편을 가르지만, 재난을 제대로 극복하는 힘은 인권의 가치들이 살아 있는 행동으로 나타난다.

[관련 인권 문서 및 법률 조항들]

- 세계인권선언(Universal Declaration of Human Rights, 1948)

- 파리 협정(영어: Paris Agreement, 2015년 유엔 기후 변화 회의에서 채택된 조약)

- 난민의 지위에 관한 협약(Convention relating to the Status of Refugees, 1951)

이렇게 진행해 보세요

❑ **중심 활동**
- 사회적 재난으로 어려움에 처한 사람들 찾아보기
- 사회적 재난이 위협하는 인권의 항목들 찾아보기
- 그림책 『감기 걸린 물고기』 함께 읽기

❑ **우리가 고른 그림책**

- 『감기 걸린 물고기』, 박정섭 글·그림, 사계절

중심 활동 중 하나로 잡은 재난 속에서 일어나는 '혐오와 배제'와 관련된 주제를 다루어 보고 싶었다. 사회적 재난과 같은 위기 상황에는 늘 사회적 약자들에 대한 혐오가 기승을 부린다. 혐오는 왜곡된 정보와 소문을 등에 업고 분명한 공격 목표를 향한다. 또 혐오를 극복하는 과정은 치열한 시행착오를 거쳐야 하는 어려움이 있다. 이런 점을 이처럼 잘 표현하고 있는 그림책을 찾기란 쉽지 않다. 물고기를 잡아먹기 위해 아귀가 선택한 전략, 그 전략이 완전히 성공을 거두는 것처럼 보이는 순간에 물고기들이 보여 주는 힘. 간결한 전개가 단박에 그림책을 끝까지 밀고 가지만 끝에서 다시 처음으로 돌아와 한 번 더 찬찬히 의미를 되새기게 만든다. 혐오를 넘어서는 연대도 같이 이야기해 볼 수 있을 것이다.

❏ 준비물
- 풍선, 종이컵, 색연필(또는 사인펜), A4 용지(또는 16절 도화지), 재난구호상자 도안
- 그림책 『감기 걸린 물고기』

❏ 활동 길라잡이

• 재난 풍선 받기 놀이(활동 시간: 10분)
- 진행 방법
  ▶ 모둠을 구성하고 모둠원의 수만큼 풍선과 종이컵을 준비한다.
  ▶ 모둠별로 나와서 풍선을 띄워서 자연스럽게 내려오는 풍선을 바닥에 떨어지기 전에 종이컵으로 잡는다(풍선을 쳐서 다시 올리면 안 됨).
  ▶ 가장 많이 잡는 모둠이 이긴다.
  ▶ 풍선을 재난이라고 생각하면, 풍선이 바닥에 떨어지지 않도록 종이컵으로 살 받는 것이 재난을 잘 이겨 내는 것이라는 점을 이야기하면서 사회적 재난과 인권의 문제에 대해 활동할 것이라고 안내한다.

> **tip**
> 공간이 넓으면 2~3개 팀이 한 번에 할 수도 있다. 한 모둠이 2번 정도 해서 합산하는 것도 좋다.

11. 재난 227

- **우리에게 이런 재난이 일어난다면?**(활동 시간: 15분)
- 우리 마을에 다음과 같은 재난이 일어났어요.
  - ▶ 준비한 재난 장면들을 보여 준다.[*]
  - ※ 그림책 또는 관련 사진 제시(자연재해, 전쟁과 난민, 환경재난, 전염병 등 모둠 수별로 준비)
  - ▶ 모둠별로 각 한 가지씩 사회적 재난을 선택한다.
  - ※ 관련된 그림책이 있으면 모둠별로 제공하고, 모둠에서 그림책을 같이 보면서 마을에 닥친 재난 상황을 파악한다.
- 이런 사람들이 가장 위험해요!
  - ▶ 이런 재난이 우리 마을에 생긴다면 어떤 사람들(사회적 집단)이 가장 큰 어려움을 겪게 될까요?
  - ※ 어린이, 노인, 환자, 가난한 사람들, 외국인들, 여성, 일용직 노동자들, 장애인 등 먼저 떠오르는 사람들을 떠올려 보고, 이 중에서 1~4개 집단 정도를 정해 누가 더 위험할지 순서를 정해 본다. 또 어떤 사람들이 좀 더 안전할지도 같은 방법으로 해 본다.
  - ▶ 순서를 이렇게 정한 이유는 무엇인가요?
  - ※ 어떤 이유로 가장 위험한지, 또 가장 안전하다고 생각했는지 이야기해 본다.

> **tip**
> '난민촌'에서 전염병이 발생한다면?[**], '사용하는 언어가 다양한 마을'에서 쓰나미가 발생한다면?, '공장이 가까이 있는 아이들이 많은 마을' 등 좀 더 구체적인 상황을 제시해도 좋다.

---

* 활동 자료 1 〈모둠별 재난 장면〉.
** 국제엠네스티, 〈코로나19로부터 그리스 내 난민을 보호하라〉 온라인액션 참고.

- **재난구호상자 만들기(활동 시간: 25분)**
- 이런 위험이 있어요
    ▶ 각 집단마다 어떤 위험이 예상되는지 찾아보기
    ※ 아주 위험하다고 생각한 사람들이 구체적으로 어떤 위험을 겪게 될지 생각해 본다. 그 위험들은 인권의 어떤 항목들과 연관되어 있는지 살펴본다.
    예) 깨끗한 식수 - 건강과 생명에 대한 권리 등
    ▶ 예상되는 위험을 줄이거나 피하려면 어떤 것들이 필요할지 목록을 만든다.

- 재난구호상자 만들기
    ▶ 재난구호상자 도안*에 지원해야 할 항목들을 그리거나 써넣어

---

* 활동 자료 2 〈재난구호상자〉.

완성한다.
- ▶ 완성된 재난구호상자 속에 있는 목록들에 대해 이야기를 나눈다.
- ▶ 개인이 준비할 수 없는 항목들에 대해서는 누가 할 수 있고 해야 하는지 생각해 보도록 제안한다.
- ▶ 재난구호상자를 통해 지켜 낸 인권의 항목들에 대해 이야기를 나눈다.

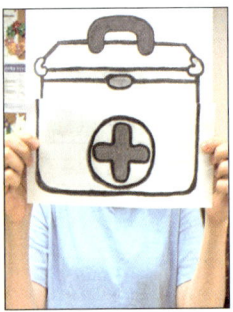  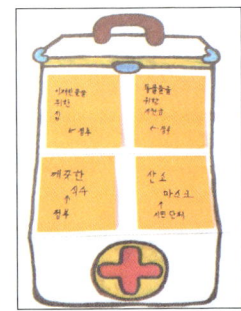

- 넌, 감기 걸린 물고기야!-재난과 혐오(활동 시간: 25분)
- 그림책 『감기 걸린 물고기』 함께 읽고 이야기 나누기
    - ▶ 물고기를 잡아먹기 위한 아귀의 전략은 무엇이었나요?
    - ▶ 감기에 걸리지 않았다고 말하는 빨간 물고기의 마음은 어땠을까요?
    - ▶ 빨간 물고기를 쫓아낼 때 다른 물고기들은 어떤 생각을 했을까요?
    - ▶ 그다음으로 노란 물고기들이 쫓겨났습니다. 노란 물고기들의 마음은 어땠을까요? 자신들이 쫓아낸 빨간 물고기에 대해 어떤 생각이 들었을까요?
- 재난이 생겼을 때 뜬소문이나 잘못된 정보 때문에 피해를 당하

는 사람들에 대해 이야기 나누기
- ▶ 어떤 사람들이, 어떤 종류의 피해를 입나요?
- ▶ 억울한 피해를 입었다면 누가, 어떻게 책임을 져야 할까요?

[선택 활동]
- 『누가 가장 큰 죄를 지었나?』 함께 읽고 이야기 나누기
  - ▶ 흑사병으로 인해 동물 사회는 어떻게 변했나요?
  - ▶ 흑사병을 잠재우기 위해 사자는 어떤 방법을 제시했나요?
  - ▶ 당나귀는 왜 제물이 되었을까요?
  - ▶ 그림책에 등장하는 사건과 동물들은 무엇을 비유한 것일까요?
  - ▶ 최근 전 세계가 코로나19 전염병을 겪으면서 특정한 사람들에게 그 책임을 돌리며 공격하는 경우가 많았습니다. 알고 있는 사례가 있다면 친구들과 이야기를 나누어 봅시다(관련된 기사를 찾아보아도 좋겠습니다). 이런 문제는 인권과 어떤 연관이 있을까요?

> **tip**
> 그림책을 읽고 간단하게 역할극을 해도 좋다. 쫓겨나거나 쫓아낸 물고기가 되어 감정이입을 해 보는 것이 활동에 도움을 줄 수 있다.

- 모두가 영웅이야!(활동 시간: 25분)
  - 재난을 극복하기 위한 크고 작은 실천들을 보여 주는 사례를 모둠별로 제시한다.*
  - 각 모둠에서는 자기 모둠 사례에서 재난을 극복하기 위해 힘쓴

---

* 활동 자료: 재난 극복과 관련된 그림책과 기사들.

사람들(제도 등)을 찾고 '모두가 영웅이야!' 활동지에 정리한 다음 발표한다.

> **tip**
> 관련된 그림책과 참고 자료에 사례를 함께 활용하거나 이 활동을 위해 모둠이나 개인이 사례를 미리 찾아와도 된다. 시간이 부족하다면 이 사례 중 한 가지만 골라서 활동해도 좋다.

- 각 사례들이 보여 준 소중한 가치들을 찾아본다. 이런 가치들이 인권과 어떻게 연관되는지도 이야기해 본다.
  예) 용기, 연대, 배려, 존중, 나눔, 공감, 관심 등

❏ 활동 자료 1

　모둠별 재난 장면 사례 예시

후쿠시마 쓰나미와 원전 파괴(그림책 『후쿠시마의 눈물』 중에서)

미국 뉴올리언스 홍수(그림책 『위대한 청소부』 중에서)

전쟁(그림책 『전쟁』 중에서)

코로나19

고성 산불(그림책 『호랑이 바람』 중에서)

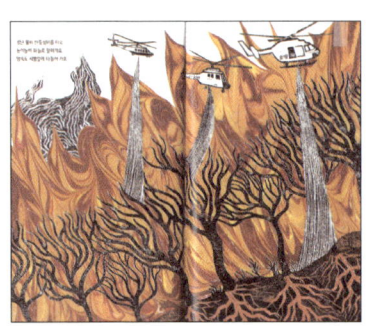

중국, 미세먼지(그림책 『죽음의 먼지가 내려와요』 중에서)

❏ 활동 자료 2
   재난구호상자

11. 재난 235

❏ **활동 자료 3**
　모두가 영웅이야!

재난을 이겨 낸 사람들
우리 모두가 영웅이야!

모둠원 : _____

▶ 사건: 어떤 재난이 일어난 거야?

▶ 누가 영웅인 거야 : 이 재난에서 어떤 사람들이 어떤 일을 한 거야?

❏ 읽기 자료

호주 산불과 싸우는 영웅들의 모습이
시드니의 명물 오페라하우스 지붕을 수놓으며
시민들의 눈길을 끌었다.

11일(현지 시간) 오페라하우스 지붕에는 한 여성이 자원봉사 소방관을 껴안고 있는 장면을 비롯해 "고마워요 소방대원"이라고 적힌 표지판 등 호주 산불과 맞선 소방관 및 자원봉사자들의 대형 사진이 비쳤다.

루이스 헤론 오페라하우스 사장은 이날 현지 언론과의 인터뷰에서 "지난해부터 이어진 대형 산불로 인해 정신적, 육체적으로 위기를 겪고 있는 소방관과 피해를 입은 분들에게 위로의 말을 전한다"라면서 "자원봉사자들의 놀라운 노력과 용기에 깊은 감사를 표하기 위해 기획된 이벤트다"라고 밝혔다.

한편, 뉴사우스웨일스NSW주 지역소방국RFS 소속 소방관 오드

11. 재난 237

와이어는 동료 대원인 제프리 키튼과 함께 지난달 19일 산불 진화에 나섰다가 현장에서 순직, 지난 2일과 7일 키튼과 오드 와이어의 장례식이 거행되면서 국민적 애도 물결이 일었다.

 호주는 지난해 9월 발생한 산불이 다섯 달째 지속되면서 서울 면적의 약 100배에 달하는 600만ha가 잿더미로 변했다. 그 사이 사망자는 최소 24명, 20명이 넘는 실종자가 발생한 것으로 알려졌다. 캥거루와 코알라 등 야생동물도 5억 마리 이상 희생된 것으로 추정되고 있다.

한국일보 기사(2020. 1. 12)에서

[취재파일] 카트리나 충격, 미국은 어떻게 극복했나?
'잊지 않고 실패에서 배우자'가 국가의 수준을 갈라

미국 루이지애나주 미시시피강 유역에 위치한 뉴올리언스는 재즈의 발원지로서 문화적 풍요를 누려 왔던 대표적인 관광 도시로 잘 알려져 있습니다. 하지만 2005년 8월 29일, 초대형 허리케인 카트리나로 완전히 초토화됐습니다. (중략)

재즈의 고향을 살린 '재즈 음악인 마을'

대표적인 자원봉사활동 중 하나가 카트리나로 붕괴된 주택을 지어 주는 일입니다. 국제자원봉사기구인 '해비타트habitat'는 그 어느 지역보다 뉴올리언스에서 활발하게 활동하고 있습니다. 취재한 날도 토요일인데 GE 직원들이 백여 명이나 나와 집 짓기에 구슬땀을 흘리고 있었습니다.

터파기부터 기둥 세우기, 벽을 세우고 페인트를 칠하는 자원봉사자들의 손길이 바빠질수록 집은 형태를 갖춰 갔습니다. 정부 지원을 받지 못해 여전히 새집을 마련하지 못한 빈민층을 위한

Evacuspot: 카트리나 후 만든 뉴올리언스내 재해구조거점

활동입니다. 다만 한 가지 원칙이 있습니다. 혜택을 받는 빈민층은 반드시 집 짓기 과정에 모두 참여해야 합니다.

해비타트가 새로 건립한 '재즈 음악인 마을Jazz Musicians' Village'은 단순한 '거주지' 개념을 넘어, 지역 문화와 정서를 되살렸습니다. 카트리나 이후 재즈 뮤지션들이 뉴올리언스를 대거 빠져나가자 이들이 재기할 수 있도록 마을을 만든 겁니다. 해리 코닉 주니어와 같은 뉴올리언스 출신 유명 재즈 음악가들이 기부로 뜻을 보탰습니다.

그곳에 살고 있는 재즈 음악가 캘빈 존슨 씨는 "영감과 동기를 주는 곳에서 벗어나 사는 것은 거의 불가능하다. 태풍이 이곳의 많은 풍조까지 휩쓸어 가 버렸다. 이 마을은 바로 그렇게 잃어버린 것들을 다시 가지고 와서 뉴올리언스의 풍조를 다시 만든 것이다"라며 의미를 설명했습니다.

시민들이 직접 세운 구조거점, '이베큐스팟'

NGO의 아이디어가 실제 변화로 이어진 흥미로운 현장도 있었습니다. 뉴올리언스 길 곳곳엔 사람이 한 손을 높이 든 모양의 4m 높이의 철제 구조물이 있었는데요. 바로 대피할 곳이 없어 속수무책으로 죽어 갔던 악몽을 되풀이하지 않기 위해, 재해 때 무조건 여기로 모이면 곧 구조될 수 있다는 '구조거점'입니다.

'이베큐티어Evacuteer'라는 재난 발생 시 대피를 돕는 자원봉사 시민단체가 만든 '이베큐스팟Evacuspot'은 뉴올리언스에 17개가 설치돼 있는데, 카트리나의 악몽을 잊지 말자는 '사회적 약속'을 형상화한 의미도 갖고 있습니다.

민간 병원에는 정부 지원하에 남겨진 사람들의 불안과 상처를 치유하는 역할을 맡겼습니다. 일회성으로 끝나지 않고 10년째 이어지면서 3만 명이 넘는 학생들이 트라우마 치료를 받았습니다.

머시Mercy라는 외상후장애 심리치료 전문기관의 의사 더글라스 워커는 "카트리나 이후 어떤 아이들은 날씨와 물에 대한 공포가 생겨 심지어 수영장을 무서워하거나 목욕하는 것도 두려워했다"라며 "대부분은 괜찮아졌지만 아직까지 정신적 외상 징후가 나타나는 경우도 있다. 단기적인 치유뿐만 아니라 장기적으로 회복을 위한 프로그램도 반드시 필요하다"라며 지속적인 사회적 관심의 중요성을 역설했습니다.

SBS 뉴스(2014. 11. 10)에서 발췌

코로나19 최전선에서 힘쓰는 사람들

신종 코로나 감염증(이하 코로나19)의 확산 사태가 장기화되면서 사회 모든 분야가 큰 타격을 받았고, 많은 사람들이 두려움에 떨고 있다. 이러한 상황에서도 코로나19 사태의 진정을 위해 곳곳에서 밤낮없이 힘을 쏟고 있는 사람들이 있다. 본인의 건강도 위협받지만, 한 명이라도 더 완치받도록 하기 위해 최전선에 일하고 있는 의료진을 비롯 다양한 분야에서 최선의 노력을 다하고 있는 사람들에 대해 알아봤다.

의료진

많은 사람들이 힘쓰고 있지만, 아무래도 최전선에서 서 있는 이들은 바로 의료진일 것이다. 조금만 입고 있어도 온몸에 땀이 차며 레벨D 방호복과 마스크에 고글까지 써 숨쉬기조차 쉽지 않다. 아울러 장시간 고글을 끼는 바람에 수많은 의료진의 얼굴 피부가 짓물러 온통 반창고투성이다. 확진자 추가 발생을 막기 위한 병원 전체 방역 활동도 의료진의 몫이다. 외래, 진료실, 대기실, 간호사실, 병실 등 구석구석을 소독하고 분무하는 방역 활동은 물론, 음압병실의 청소와 배식, 의료폐기물 처리, 시신 소독까지 해내고 있다.

119 구급대원·경찰

119 구급대원들도 의료진 못지않은 고군분투를 하고 있다. 전국의 224개 소방서에는 의심 환자 이송을 맡는 전담 구급팀이 만들어졌고, 소방당국 등에 따르면 119 구급대원들은 코로나19가

확산하면서 새벽부터 밤늦게까지 이어지는 환자 이송에 정신없는 하루를 보내고 있는 것으로 알려졌다. 특히 대구·경북 지역에 코로나19 확산이 집중되면서 확진 환자 이송을 지원하기 위해 다른 지역의 119 구급차까지 동원됐다. 대원들은 혹시 모를 감염에 대비해서 출동할 때마다 머리부터 발까지 감싸는 전신 보호복을 입고 덧신에, 마스크, 고글로 무장하고 끼니는 길거리에 앉아 해결하고 있는 상황이다. 119 구급대원 또한 한 명의 생명이라도 더 지키기 위해 사투를 벌이고 있다.

한편, 경찰도 코로나19 최전선에서 활약하고 있다. 1·2·3차 전세기 편으로 귀국한 우한 교민과 중국인 가족을 김포공항에서 격리시설로 이송한 이들이 바로 경찰관이다. 전세기 편으로 귀국한 우한 교민과 중국인 가족을 김포공항에서 격리시설로 이송하는 버스를 운전한 경찰관은 21명, 그중에서 세 차례의 교민 수송을 모두 자원한 경찰은 5명이다. 운전 당시 방호복과 마스크, 고글 등을 착용했지만, 혹시라도 가족들에게 옮길까 집에 들어가지 못하고 임시 숙소에서 격리 생활을 하기도 했다. 특히 중국 우한에서 한국으로 귀국한 교민들을 충남 아산 경찰인재개발원 등 격리 장소로 이송하는 운전 업무를 맡은 한 경찰관이 이송 이후 발열 증세를 보여, 한때 자가격리 후 관내 보건소에서 검사를 받았다. 다행히 그는 음성 판정을 통보받았다.

군인

간호사인 동시에 장교로 임관한 군인인 간호장교도 코로나19 진정을 위해 발 벗고 나섰다. 이번 국군간호사관학교 60기 졸업생 75명은 지역 감염병 전담병원으로 전환되는 국군대구병원에

투입되기 위해 당초 9일 예정된 졸업 및 임관식을 3일로 앞당기기까지 했다. 이들은 졸업 및 임관식을 마친 뒤 곧바로 대구로 향했다. 60기 신임 간호장교들은 2016년에 입학해 4년간 간호사관생도로서의 교육과정을 수료하고 지난달 간호사 국가고시에 전원 합격했다. 신임 간호장교들은 국군대구병원으로 이동해 국군의료지원단 일원으로 코로나19 대응 임무에서 활약하고 있다.

다양한 분야의 숨은 주역들

한편 잘 보이지 않는 곳에서 코로나19의 확산을 막기 위해 사투를 벌이는 사람들도 많다. 창원음식물자원화처리장에서 근무하는 직원들이 코로나19 감염을 막기 위해 고립을 선택했다. 창원시의 1일 음식폐기물 발생량은 260t에 달한다. 이곳에서 근무하는 직원들은 전문기술 인력으로 대체가 불가능하기 때문에 만약 한 명이라도 코로나19에 감염되면 도시에는 음식물 쓰레기가 넘쳐나 최악의 사태까지 발생할 수 있다. 창원음식물자원화처리장은 직원회의를 통해 자발적으로 지난 24일부터 시설 운영에 필요한 최소 정예요원 13명을 뽑아 합숙에 돌입했다.

직접 방역에 나선 시민들도 숨은 영웅 중 한 명이다. 안성시는 지난 2월부터 지역자율방재단, 한국청년문화연대, 안성시민의회, 피플크린, 한국구조연합회, 또바기봉사단, 해병대 전우회 등 시민단체 10여 곳에서 재래시장과 터미널, 대학가, 사회복지시설 주변을 중심으로 지금까지 약 100회에 걸쳐 방역 소독 봉사활동을 펼쳐 왔다. 충북 음성의 시민단체인 평화의 소녀상 건립추진위원회도 4개의 분사 노즐을 장착한 드론을 띄워 사람이나 방역 차량의 손길이 미치지 못하는 지역에 대한 소독을 벌였다. 이 드론은

한 번 비행에 10 l의 소독약을 채워 12분간 8,000m^2를 방역할 수 있는 것으로 알려졌다. 이 밖에도 드론 방제 업체와 각 시에서 손을 잡고 드론 방역에 나섰다.

〈데일리 포스트〉에서 발췌

시민참여,
함께 만들어 가는 뉴질랜드 시민 소통 캠페인
Share an idea!

뉴질랜드의 크라이스트처치시는 35만 명의 사람들이 살고 있는 남섬 최대의 도시입니다. 2011년 2월 22일에 있었던 6.3도의 강진으로 크라이스트처치시의 시내는 많은 건물 및 시설이 붕괴하는 피해를 입게 되었습니다.

크라이스트처치시는 시내 중심부를 포함한 도시계획을 수립해야 했습니다. 이 과정에서 정부가 계획을 세우고 공표하는 기존

의 접근 방법과는 달리 시민의 의견을 최대한 반영하는 도시계획을 세우기로 발표하고, 시민의 목소리를 듣기 위한 시민참여 캠페인을 디자인 에이전시와 협업하여 시행했습니다. 캠페인은 시민참여 성격을 그대로 반영하는 'Share an idea(아이디어를 나눕시다)'였습니다.

캠페인의 시작은 시민이 서로의 의견을 나눌 수 있는 심플한 웹사이트로 시작되었습니다. 캠페인 Move(교통, 이동수단), Market(소비활동), Space(도시 건축 및 공간), Life(문화, 전반적인 부분)의 네 가지 주요 분야로 나누어 시민들의 의견을 모았습니다.

웹사이트를 통해 온라인으로 시민들의 의견을 모으는 동안, 오프라인으로도 캠페인은 진행되었는데요. 이틀 동안의 시민참여 엑스포를 열어 10,000명 이상의 의견을 모았습니다. 캠페인을 소개하고, 시민의 의견을 적는 공간, 이야기를 녹화하는 공간, 각 주제별 공간 등으로 나누어 시민들의 목소리를 담았습니다.

엑스포를 통해 얻어진 긍정적인 반응에 힘입어 캠페인은 추진력을 더 얻게 되었고요. 도시계획이 반영되는 도시에 사는, 진짜 사람들의 아이디어는 각종 오프라인 광고에도 사용되었습니다. 6주라는 시간 제한을 두고, Share an idea 캠페인은 58000만 명의 웹사이트 방문을 기록했고, 이 방문은 모두 5분 이상 웹사이트에 머무른 것이었다고 합니다. 4,500만 건의 관련 이메일 신청도 이루어졌고요. 소중한 시민들의 의견을 약 106,000개나 얻었다고 합니다. 무엇보다 중요한 점은 이 아이디어가 실제로 도시계획에 반영되었다는 것이지요.

slowalk(2012. 1. 11. 06:30) 내용 중에서 발췌

이름 없는 영웅들, 감동의 역사를 쓰다/ 후쿠시마

재난 때는 항상 영웅이 등장한다. '심리적 박탈감' 때문일 수도 있고, 롤 모델을 통해 실낱같은 희망이라도 잡아 보겠다는 '필요성' 때문일 수도 있다. 어쨌든 이번 동일본 대지진에서도 영웅들은 있었다. 참사를 막기 위해 사투를 벌인 익명의 영웅들을 모았다.

정년퇴직을 앞둔 직원

대지진 이후 방사선 누출 문제로 세계의 이목이 집중된 후쿠시마 원전. 오는 9월 지방원전회사에서 정년퇴직을 앞둔 시마네현의 59세 남성은 16일 위험천만한 냉각작업에 가장 먼저 손을 들었다. 이 소식을 보도한 지지통신은 이 남성의 요청에 따라 익명으로 처리했다. 그는 "지금 내가 어떻게 하느냐에 따라 미래가 달라질 수 있다"라고 각오를 밝혔다. 많은 언론을 통해 이번 원전 사고의 영웅으로 꼽힌 바 있다.

1호기 당직팀장

후쿠시마 원전 1호기 당직팀장은 지난 12일 격납용기 뚜껑을 개방하는 작업을 했다. 고압으로 부풀어 오른 격납용기 내부 증기를 빼기 위해서다. 그의 노력 덕분에 최악의 사태는 피했지만 정작 그는 100mSv(밀리시버트)의 방사선에 노출될 수밖에 없었다. 불과 10분의 작업 동안 그에게 노출된 방사선량은 일반인이 1년 동안 쬐는 방사선량의 100배에 이른다. 결국 그는 구토와 어지럼증을 호소하며 병원으로 이송됐다. 그의 소식은 대한해협을 건너 한국에도 훈훈한 감동을 줬다. 국내 포털 사이트에서는 '1호기 당직팀장'이란 말이 주요 검색어로 올라왔다.

부상 자위대원

17일은 후쿠시마 원전 복구 작업이 한창이었다. 로이터는 후쿠시마 원전 직원 800여 명 가운데 복구 지원자가 늘면서 당초 50명이었던 사수대가 324명으로 늘었으며, 이들 가운데에는 14일 3호기 수소폭발 당시 방사선 피폭으로 입원했던 자위대원도 있었다고 전했다. 그는 다시 병상을 박차고 나와 현장으로 달려 나갔다. 일본에서는 그에 대한 칭찬 릴레이가 이어지고 있다. 또 폭발사고 이후 후쿠시마 원전에서 철수했던 도호쿠엔터프라이즈사 직원 3명도 원전으로 향했다. 유키데루 도호쿠엔터프라이즈 사장은 "베테랑 직원 3명이 가족의 만류에도 불구하고 가족, 지역, 국민을 지켜야 한다는 사명감으로 원전 현장으로 갔다"라고 밝혔다.

서울신문(2011. 3. 19)에서 발췌

태안 살린 123만 자원봉사자 기록, 세계기록문화 유산 추진
7일 유네스코 세계기록문화 등재 준비위 출범, 3년 내에 기재 목표

충남 태안반도를 검은 기름의 재앙에서 구한 123만 자원봉사자들의 숭고한 자원봉사활동이 유네스코 세계기록문화 등재에 도전장을 내밀 준비에 돌입한 것으로 알려졌다. 충남도 등에 따르면 태안 자원봉사자 123만 명 활동에 대한 유네스코 세계기록문화 등재 준비위원회(공동위원장 김학민 순천향대 교수, 박원영 나들목 교회 목사, 이하 '유네스코 준비위')가 6일 오후 2시 30분 양승조 충남도지사와 간담회를 시작으로 본격 활동에 돌입한다.

유네스코 준비위는 2007년 12월부터 2012년 12월까지 태안 지역 유류 피해 지역에서 기름 제거 봉사활동과 태안의 경제와 환경 회복 활동에 참여한 자원봉사자들이 중심이 되어 구성된 것으로 확인되고 있다. 유네스코 준비위 관계자는 "허베이스피리

트호 유류 유출 사고 발생 11년에 즈음해 준비위 발족 기자회견을 개최하고 우선 2019년 11월 파리에서 개최하는 유네스코 총회에서 태안 자원봉사활동을 소개하는 것을 1차 목표로 준비하고 있으며, 향후 3년 이내에 최종 등재를 계획하고 있다"라고 전했다.

또 유네스코 준비위는 "양승조 충남도지사와 당시 참여했던 한국교회희망연대와 한국교회봉사단 등 자원봉사 조직 대표들과 교감을 통해 추진 배경을 설명하고 전폭적인 지지를 약속받았다"라며 "충청남도와 태안군에 보관 중인 기록물들과 봉사활동에 참여한 '태안사랑' 등 자원봉사 단체의 기록은 물론 개인이 소장하고 있는 자료를 수집하고 정리할 예정"이라고 덧붙였다.

오마이뉴스(2018. 12. 5)에서 발췌

❏ 함께 보면 좋은 그림책들

높은 곳으로 달려!
사시다 가즈 글, 이토 히데오 그림, 천개의바람

코스모스 공원의 아이들
사시다 가즈 글, 아베 쿄코 그림, 천개의바람

후쿠시마의 눈물
김정희 글, 오승민 그림, 사계절

위대한 청소부
필 빌드너 글, 존 파라 그림, 산하

체르노빌의 봄
엠마뉘엘 르파주 글·그림, 길찾기

죽음의 먼지가 내려와요
김수희 글, 이경국 그림, 미래아이

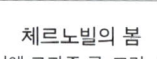

굴뚝 이야기
리우쉬공 글·그림, 지양어린이

호랑이 바람
김지연 글·그림, 다림

난민이 뭐예요?
호세 캄파나리 글, 에블린 다비디 그림, 라임

전쟁 그만둬!
자유와 평화를 위한 교토대학 내
자유평화회 성명서 글,
쓰카모토 야스시 그림, 담푸스

누가 가장 큰 죄를 지었나?
장 드 라 퐁텐 글,
올리비에 모렐 그림, 한울림어린이

❏ 함께 읽으면 좋은 책들

이 폐허를 응시하라
레베카 솔닛 지음, 펜타그램

재난 불평등: 왜 재난은
가난한 이들에게만 가혹할까
존 C. 머터 지음, 동녘

세계사를 바꾼 전염병 13가지
제니퍼 라이트 지음, 산처럼

선생님, 코로나19가 뭐예요?
배성호 글, 철수와영희

❏ 영화 및 영상 자료

가을로
2006, 한국

컨테이젼
2011, 미국

더 임파서블
2012, 미국

체르노빌 1986
2021, 러시아

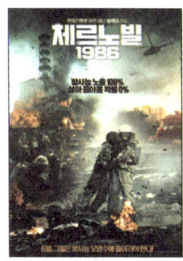

- 다큐시선 〈1°C의 불평등: 폭염이라는 이름의 재난〉 EBS, 2019

- 뉴스타파, 김진혁 미니다큐 〈Five minutes: 전염병에 정치를 처방한 의학자〉
  2015. 5. 20.

- 다큐멘터리, 〈후쿠시마 5년의 생존〉 최세영 감독

- YTN 영상, 〈코로나19 '영웅'의 또 다른 이름, 노동자〉

글쓴이

강진미
배움으로 인권을 시작하고 이제야 익힘으로 꼼지락거리고 있습니다. 혼자서 꼼지락거리는 것은 꿈에도 상상 못 합니다. 함께 꼼지락거리는 사람들이 많아지면 좋겠습니다.

김종순
무심히 하늘을 보았는데 파란 하늘이 아름답습니다. 아름답다 느끼는 내가 좋습니다. 사람을 만나 재잘재잘 떠드는 나도 좋습니다. 시민모임즐거운교육상상은 내가 좋아하는 것, 내가 잘하는 것을 알아 가고 함께 활동하는 곳입니다. 여기에서 활동하는 김종순입니다.

김한민
초등학교에서 아이들과 생태/인권/평화에 대해 이야기 나누고 실천하려고 노력하고 있습니다.

박은정

그림책으로 인권공부를 시작하게 되었습니다. 그림+책이 아니라 다양하게 생각할 수 있다는 것을 인권 그림책 모임을 통해 알게 되었습니다. 그리고 함께하는 동료들도 만났습니다. 그림책과 동료들 덕에 재미있고, 신나게 인권공부를 하고 있습니다.

안영신

내가 옮기는 걸음마다 신나게 놀 수 있는 놀이터가 펼쳐지길 상상하는 시민모임즐거운교육상상의 활동가 안영신입니다.

이경희

간혹 삶 속에서 견디기 힘든 일들이 있을 때 그림책은 저에게 많은 위로를 줍니다. 그렇게 시작된 그림책 보기는 이제 '함께 읽기'로 저의 마음을 더욱 단단하게 합니다. 그림책에서 발견하는 인권은 '아!' 하는 순간의 깨달음과 그 깨달음을 다른 이와 함께 누릴 수 있는 선물이 됩니다. 그런 귀한 선물을 받을 수 있어 행복하고 감사합니다.

장진희

나에게 그림책의 매력은 짧은 스토리와 예쁜 그림이었습니다. 그림책은 아이의 마음을 보여 주기도 했고 때로는 나의 위로가 되기도 했습니다. 이번 작업은 예쁘고 좋은 것만 보려 했던 그림책 속에서 '인권'을 찾아보는 계기가 되었습니다. 어디서든 인권은 한눈에 절로 보이지 않습니다. 부족하지만 이 책이 여러분에게도 인권을 찾아내는 한 걸음이기를 바랍니다.

전세란

'친절한 선생님'이면 괜찮을 줄 알았는데, 교실에서, 학교에서, 삶에서 자꾸 불편하고 소란스러워지는 지점이 생겼어요. 그렇게 방황하던 중 '인권'을 공부할 기회를 만났어요. 언어가 생기니 학교에서 겪는 불편함이 설명되었고, 그 언어들을 교실에서 아이들과 나눌 수 있게 되어 반가워요. 아직도 종종 안개가 끼지만, 계속 흔들리며 공부하고 싶어요.

전은주

더불어 산다는 것은 타인의 삶을 어느 정도 공유하며 살아간다는 것이겠지요. 가족, 친구, 동료들. 그들이 행복해야 나의 삶도 행복해질 수 있습니다. 함께라는 가치를 품고 모든 사람들이 행복한 삶을 살았으면 하는 바람을 가져 봅니다.

삶의 행복을 꿈꾸는 교육은 어디에서 오는가?

● **교육혁명을 앞당기는 배움책 이야기** 혁신교육의 철학과 잉걸진 미래를 만나다!

한국교육연구네트워크 총서

01 핀란드 교육혁명
한국교육연구네트워크 엮음 | 320쪽 | 값 15,000원

02 일제고사를 넘어서
한국교육연구네트워크 엮음 | 284쪽 | 값 13,000원

03 새로운 사회를 여는 교육혁명
한국교육연구네트워크 엮음 | 380쪽 | 값 17,000원

04 교장제도 혁명
한국교육연구네트워크 엮음 | 268쪽 | 값 14,000원

05 새로운 사회를 여는 교육자치 혁명
한국교육연구네트워크 엮음 | 312쪽 | 값 15,000원

06 혁신학교에 대한 교육학적 성찰
한국교육연구네트워크 엮음 | 308쪽 | 값 15,000원

07 진보주의 교육의 세계적 동향
한국교육연구네트워크 엮음 | 324쪽 | 값 17,000원
2018 세종도서 학술부문

08 더 나은 세상을 위한 학교혁명
한국교육연구네트워크 엮음 | 404쪽 | 값 21,000원
2018 세종도서 교양부문

09 비판적 실천을 위한 교육학
이윤미 외 지음 | 448쪽 | 값 23,000원
2019 세종도서 학술부문

10 마을교육공동체운동:
세계적 동향과 전망
심성보 외 지음 | 376쪽 | 값 18,000원

11 학교 민주시민교육의
세계적 동향과 과제
심성보 외 지음 | 308쪽 | 값 16,000원

12 학교를 민주주의의 정원으로
가꿀 수 있을까?
성열관 외 지음 | 272쪽 | 값 16,000원

한국교육연구네트워크 번역 총서

01 프레이리와 교육
존 엘리아스 지음 | 한국교육연구네트워크 옮김
276쪽 | 값 14,000원

02 교육은 사회를 바꿀 수 있을까?
마이클 애플 지음 | 강희룡·김선우·박원순·이형빈 옮김
356쪽 | 값 16,000원

03 비판적 페다고지는
세상을 변화시킬 수 있는가?
Seewha Cho 지음 | 심성보·조시화 옮김
280쪽 | 값 14,000원

04 마이클 애플의 민주학교
마이클 애플·제임스 빈 엮음 | 강희룡 옮김
276쪽 | 값 14,000원

05 21세기 교육과 민주주의
넬 나딩스 지음 | 심성보 옮김 | 392쪽 | 값 18,000원

06 세계교육개혁:
민영화 우선인가 공적 투자 강화인가?
린다 달링-해먼드 외 지음 | 심성보 외 옮김 | 408쪽 | 값 21,000원

07 콩도르세, 공교육에 관한 다섯 논문
니콜라 드 콩도르세 지음 | 이주환 옮김
300쪽 | 값 16,000원

08 학교를 변론하다
얀 마스켈라인·마틴 시몬스 지음 | 윤선인 옮김
252쪽 | 값 15,000원

09 존 듀이와 교육
짐 개리슨 외 지음 | 김세희 외 옮김
372쪽 | 값 19,000원

10 진보주의 교육운동사
윌리엄 헤이스 지음 | 심성보 외 옮김
324쪽 | 값 18,000원

11 사랑의 교육학
안토니아 다더 지음 | 유성상 외 옮김
412쪽 | 값 22,000원

혁신학교
성열관·이순철 지음 | 224쪽 | 값 12,000원

행복한 혁신학교 만들기
초등교육과정연구모임 지음 | 264쪽 | 값 13,000원

서울형 혁신학교 이야기
이부영 지음 | 320쪽 | 값 15,000원

대한민국 교사, 어떻게 가르칠 것인가?
윤성관 지음 | 320쪽 | 값 15,000원

아이들을 어떻게 가르칠 것인가
사토 마나부 지음 | 박찬영 옮김 | 232쪽 | 값 13,000원

모두를 위한 국제이해교육
한국국제이해교육학회 지음 | 364쪽 | 값 16,000원

미래 100년을 향한 새로운 교육　혁신교육을 실천하는 교사들의 **필독서**

● **비고츠키 선집 시리즈** 발달과 협력의 교육학 어떻게 읽을 것인가?

생각과 말
레프 세묘노비치 비고츠키 지음
배희철·김용호·D. 켈로그 옮김 | 690쪽 | 값 33,000원

성장과 분화
L.S. 비고츠키 지음 | 비고츠키 연구회 옮김
308쪽 | 값 15,000원

도구와 기호
비고츠키·루리야 지음 | 비고츠키 연구회 옮김
336쪽 | 값 16,000원

연령과 위기
L.S. 비고츠키 지음 | 비고츠키 연구회 옮김
336쪽 | 값 17,000원

어린이 자기행동숙달의 역사와 발달 I
L.S. 비고츠키 지음 | 비고츠키 연구회 옮김
564쪽 | 값 28,000원

의식과 숙달
L.S 비고츠키 | 비고츠키 연구회 옮김
348쪽 | 값 17,000원

어린이 자기행동숙달의 역사와 발달 II
L.S. 비고츠키 지음 | 비고츠키 연구회 옮김
552쪽 | 값 28,000원

분열과 사랑
L.S. 비고츠키 지음 | 비고츠키 연구회 옮김
260쪽 | 값 16,000원

어린이의 상상과 창조
L.S. 비고츠키 지음 | 비고츠키 연구회 옮김
280쪽 | 값 15,000원

성애와 갈등
L.S. 비고츠키 지음 | 비고츠키 연구회 옮김
268쪽 | 값 17,000원

비고츠키와 인지 발달의 비밀
A.R. 루리야 지음 | 배희철 옮김 | 280쪽 | 값 15,000원

흥미와 개념
L.S. 비고츠키 지음 | 비고츠키 연구회 옮김
408쪽 | 값 21,000원

정서학설 I
L.S. 비고츠키 지음 | 비고츠키 연구회 옮김
584쪽 | 값 35,000원

관계의 교육학, 비고츠키
진보교육연구소 비고츠키교육학실천연구모임 지음
300쪽 | 값 15,000원

수업과 수업 사이
비고츠키 연구회 지음 | 196쪽 | 값 12,000원

비고츠키 생각과 말 쉽게 읽기
신보미연구소 비고츠키교육학실천연구모임 지음
316쪽 | 값 15,000원

비고츠키의 발달교육이란 무엇인가?
비고츠키교육학실천연구모임 지음 | 412쪽 | 값 21,000원

교사와 부모를 위한 비고츠키 교육학
카르포프 지음 | 실천교사번역팀 옮김
308쪽 | 값 15,000원

비고츠키 철학으로 본 핀란드 교육과정
배희철 지음 | 456쪽 | 값 23,000원

혁신교육, 철학을 만나다
브렌트 데이비스·데니스 수마라 지음
현인철·서용선 옮김 | 304쪽 | 값 15,000원

경쟁을 넘어 발달 교육으로
현광일 지음 | 288쪽 | 값 14,000원

혁신교육 존 듀이에게 묻다
서용선 지음 | 292쪽 | 값 14,000원

독일 교육, 왜 강한가?
박성희 지음 | 324쪽 | 값 15,000원

다시 읽는 조선 교육사
이만규 지음 | 750쪽 | 값 33,000원

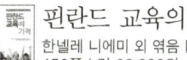
핀란드 교육의 기적
한넬레 니에미 외 엮음 | 장수명 외 옮김
456쪽 | 값 23,000원

대한민국 교육혁명
교육혁명공동행동 연구위원회 지음
224쪽 | 값 12,000원

한국 교육의 현실과 전망
심성보 지음 | 724쪽 | 값 35,000원

● 교과서 밖에서 만나는 역사 교실 상식이 통하는 살아 있는 역사를 만나다

전봉준과 동학농민혁명
조광환 지음 | 336쪽 | 값 15,000원

남도의 기억을 걷다
노성태 지음 | 344쪽 | 값 14,000원

응답하라 한국사 1·2
김은석 지음 | 356쪽·368쪽 | 각권 값 15,000원

즐거운 국사수업 32강
김남선 지음 | 280쪽 | 값 11,000원

즐거운 세계사 수업
김은석 지음 | 328쪽 | 값 13,000원

강화도의 기억을 걷다
최보길 지음 | 276쪽 | 값 14,000원

광주의 기억을 걷다
노성태 지음 | 348쪽 | 값 15,000원

선생님도 궁금해하는
한국사의 비밀 20가지
김은석 지음 | 312쪽 | 값 15,000원

걸림돌
키르스텐 세룹-빌펠트 지음 | 문봉애 옮김
248쪽 | 값 13,000원

역사수업을 부탁해
열 사람의 한 걸음 지음 | 388쪽 | 값 18,000원

진실과 거짓, 인물 한국사
하성환 지음 | 400쪽 | 값 18,000원

우리 역사에서 사라진
근현대 인물 한국사
하성환 지음 | 296쪽 | 값 18,000원

꼬물꼬물 거꾸로 역사수업
역모자들 지음 | 436쪽 | 값 23,000원

즐거운 동아시아사 수업
김은석 지음 | 240쪽 | 값 15,000원

노성태, 역사의 길을 걷다
노성태 지음 | 324쪽 | 값 17,000원

혁신학교
역사과 교육과정과 수업 이야기
황현정 지음 | 240쪽 | 값 15,000원

교과서 밖에서 배우는 역사 공부
정은교 지음 | 292쪽 | 값 14,000원

팔만대장경도 모르면 빨래판이다
전병철 지음 | 360쪽 | 값 16,000원

빨래판도 잘 보면 팔만대장경이다
전병철 지음 | 360쪽 | 값 16,000원

영화는 역사다
강성률 지음 | 288쪽 | 값 13,000원

친일 영화의 해부학
강성률 지음 | 264쪽 | 값 15,000원

한국 고대사의 비밀
김은석 지음 | 304쪽 | 값 13,000원

조선족 근현대 교육사
정미량 지음 | 320쪽 | 값 15,000원

다시 읽는 조선근대 교육의 사상과 운동
윤건차 지음 | 이명실·심성보 옮김 | 516쪽 | 값 25,000원

음악과 함께 떠나는 세계의 혁명 이야기
조광환 지음 | 292쪽 | 값 15,000원

논쟁으로 보는 일본 근대 교육의 역사
이명실 지음 | 324쪽 | 값 17,000원

다시, 독립의 기억을 걷다
노성태 지음 | 320쪽 | 값 16,000원

한국사 리뷰
김은석 지음 | 244쪽 | 값 15,000원

경남의 기억을 걷다
류형진 외 지음 | 564쪽 | 값 28,000원

어제와 오늘이 만나는 교실
학생과 교사의 역사수업 에세이
정진경 외 지음 | 328쪽 | 값 17,000원

우리 역사에서 왜곡되고 사라진
근현대 인물 한국사
하성환 지음 | 348쪽 | 값 18,000원

4·16, 질문이 있는 교실 마주이야기 — 통합수업으로 혁신교육과정을 재구성하다!

통하는 공부
김태호·김형우·이경석·심우근·허진만 지음
324쪽 | 값 15,000원

내일 수업 어떻게 하지?
아이함께 지음 | 300쪽 | 값 15,000원
2015 세종도서 교양부문

인간 회복의 교육
성래운 지음 | 260쪽 | 값 13,000원

교과서 너머 교육과정 마주하기
이윤미 외 지음 | 368쪽 | 값 17,000원

수업 고수들
수업·교육과정·평가를 말하다
박현숙 외 지음 | 368쪽 | 값 17,000원

도덕 수업, 책으로 묻고 윤리로 답하다
울산도덕교사모임 지음 | 320쪽 | 값 15,000원

체육 교사, 수업을 말하다
전용진 지음 | 304쪽 | 값 15,000원

교실을 위한 프레이리
아이러 쇼어 엮음 | 사람대사람 옮김
412쪽 | 값 18,000원

마을교육공동체란 무엇인가?
서용선 외 지음 | 360쪽 | 값 17,000원

교사, 학교를 바꾸다
정진화 지음 | 372쪽 | 값 17,000원

함께 배움
학생 주도 배움 중심 수업 이렇게 한다
니시카와 준 지음 | 백경석 옮김 | 280쪽 | 값 15,000원

공교육은 왜?
홍섭근 지음 | 352쪽 | 값 16,000원

자기혁신과 공동의 성장을 위한
교사들의 필리버스터
윤양수·원종희·장군·조경삼 지음 | 280쪽 | 값 14,000원

함께 배움 이렇게 시작한다
니시카와 준 지음 | 백경석 옮김 | 196쪽 | 값 12,000원

함께 배움 교사의 말하기
니시카와 준 지음 | 백경석 옮김 | 188쪽 | 값 12,000원

교육과정 통합, 어떻게 할 것인가?
성열관 외 지음 | 192쪽 | 값 13,000원

학교 혁신의 길, 아이들에게 묻다
남궁상운 외 지음 | 272쪽 | 값 15,000원

미래교육의 열쇠, 창의적 문화교육
심광현·노명우·강정석 지음 | 368쪽 | 값 16,000원

주제통합수업,
아이들을 수업의 주인공으로!
이윤미 외 지음 | 392쪽 | 값 17,000원

수업과 교육의 지평을 확장하는 **수업 비평**
윤양수 지음 | 316쪽 | 값 15,000원
2014 문화체육관광부 우수교양도서

교사, 선생이 되다
김태은 외 지음 | 260쪽 | 값 13,000원

교사의 전문성, 어떻게 만들어지나
국제교원노조연맹 보고서 | 김석규 옮김
392쪽 | 값 17,000원

수업의 정치
윤양수·원종희·장군 지음 | 280쪽 | 값 14,000원

학교협동조합,
현장체험학습과 마을교육공동체를 잇다
주수원 외 지음 | 296쪽 | 값 15,000원

거꾸로 교실,
잠자는 아이들을 깨우는 수업의 비밀
이민경 지음 | 280쪽 | 값 14,000원

교사는 무엇으로 사는가
정은균 지음 | 292쪽 | 값 15,000원

마음의 힘을 기르는 감성수업
조선미 외 지음 | 300쪽 | 값 15,000원

작은 학교 아이들
지경준 엮음 | 376쪽 | 값 17,000원

아이들의 배움은 어떻게 깊어지는가
이시이 준지 지음 | 방지현·이창희 옮김
200쪽 | 값 11,000원

대한민국 입시혁명
참교육연구소 입시연구팀 지음 | 220쪽 | 값 12,000원

교사를 세우는 교육과정
박승열 지음 | 312쪽 | 값 15,000원

전국 17명 교육감들과 나눈 교육 대담
최창의 대담·기록 | 272쪽 | 값 15,000원

들뢰즈와 가타리를 통해 유아교육 읽기
리세롯 마리엣 올슨 지음 | 이연선 외 옮김
328쪽 | 값 17,000원

학교 민주주의의 불한당들
정은균 지음 | 276쪽 | 값 14,000원

프레이리의 사상과 실천
사람대사람 지음 | 352쪽 | 값 18,000원
2018 세종도서 학술부문

혁신학교, 한국 교육의 미래를 열다
송순재 외 지음 | 608쪽 | 값 30,000원

페다고지를 위하여
프레네의 『페다고지 불변요소』 읽기
박찬영 지음 | 296쪽 | 값 15,000원

노자와 탈현대 문명
홍승표 지음 | 284쪽 | 값 15,000원

선생님, 민주시민교육이 뭐예요?
염경미 지음 | 244쪽 | 값 15,000원

어쩌다 혁신학교
유우석 외 지음 | 380쪽 | 값 17,000원

미래, 교육을 묻다
정광필 지음 | 232쪽 | 값 15,000원

대학, 협동조합으로 교육하라
박주희 외 지음 | 252쪽 | 값 15,000원

입시, 어떻게 바꿀 것인가?
노기원 지음 | 306쪽 | 값 15,000원

촛불시대, 혁신교육을 말하다
이용관 지음 | 240쪽 | 값 15,000원

라운드 스터디
이시이 데루마사 외 엮음 | 224쪽 | 값 15,000원

미래교육을 디자인하는 학교교육과정
박승열 외 지음 | 348쪽 | 값 18,000원

흥미진진한 아일랜드 전환학년 이야기
제리 제퍼스 지음 | 최상덕·김호원 옮김 | 508쪽 | 값 27,000원
2019 대한민국학술원우수학술도서

폭력 교실에 맞서는 용기
따돌림사회연구모임 학급운영팀 지음
272쪽 | 값 15,000원

그래도 혁신학교
박은혜 외 지음 | 248쪽 | 값 15,000원

학교는 어떤 공동체인가?
성열관 외 지음 | 228쪽 | 값 15,000원

교사 전쟁
다나 골드스타인 지음 | 유성상 외 옮김
468쪽 | 값 23,000원

시민, 학교에 가다
최형규 지음 | 260쪽 | 값 15,000원

교육과정, 수업, 평가의 일체화
리사 카터 지음 | 박승열 외 옮김 | 196쪽 | 값 13,000원

학교를 개선하는 교장
지속가능한 학교 혁신을 위한 실천 전략
마이클 풀란 지음 | 서동연·정효준 옮김 | 216쪽 | 값 13,000원

공자던, 논어는 이것이다
유문상 지음 | 392쪽 | 값 18,000원

교사와 부모를 위한
발달교육이란 무엇인가?
현광일 지음 | 380쪽 | 값 18,000원

교사, 이오덕에게 길을 묻다
이무완 지음 | 328쪽 | 값 15,000원

낙오자 없는 스웨덴 교육
레이프 스트란드베리 지음 | 변광수 옮김
208쪽 | 값 13,000원

끝나지 않은 마지막 수업
장석웅 지음 | 328쪽 | 값 20,000원

경기꿈의학교
진흥섭 외 지음 | 360쪽 | 값 17,000원

학교를 말한다
이성우 지음 | 292쪽 | 값 15,000원

행복도시 세종,
혁신교육으로 디자인하다
곽순일 외 지음 | 392쪽 | 값 18,000원

나는 거꾸로 교실 거꾸로 교사
류광모·임정훈 지음 | 212쪽 | 값 13,000원

교실 속으로 간 이해중심 교육과정
온정덕 외 지음 | 224쪽 | 값 13,000원

교실, 평화를 말하다
따돌림사회연구모임 초등우정팀 지음
268쪽 | 값 15,000원

학교자율운영 2.0
김용 지음 | 240쪽 | 값 15,000원

학교자치를 부탁해
유우석 외 지음 | 252쪽 | 값 15,000원

국제이해교육 페다고지
강순원 외 지음 | 256쪽 | 값 15,000원

선생님, 페미니즘이 뭐예요?
염경미 지음 | 280쪽 | 값 15,000원

평화의 교육과정 섬김의 리더십
이준원·이형빈 지음 | 292쪽 | 값 16,000원

학교를 살리는 회복적 생활교육
김민자·이순영·정선영 지음 | 256쪽 | 값 15,000원

교사를 위한 교육학 강의
이형빈 지음 | 336쪽 | 값 17,000원

새로운학교 학생을 날게 하다
새로운학교네트워크 총서 02 | 408쪽 | 값 20,000원

세월호가 묻고 교육이 답하다
경기도교육연구원 지음 | 214쪽 | 값 13,000원

미래교육, 어떻게 만들어갈 것인가?
송기상·김성천 지음 | 300쪽 | 값 16,000원
2019 세종도서 교양부문

교육에 대한 오해
우문영 지음 | 224쪽 | 값 15,000원

혁신교육지구 현장을 가다
이용운 외 4인 지음 | 344쪽 | 값 18,000원

배움의 독립선언, 평생학습
정민승 지음 | 240쪽 | 값 15,000원

교육혁신의 시대
배움의 공간을 상상하다
함영기 외 지음 | 264쪽 | 값 17,000원

서울의 마을교육
이용윤 외 지음 | 352쪽 | 값 18,000원

평화와 인성을 기우는 자기우정
따돌림사회연구모임 우정팀 지음 | 240쪽 | 값 15,000원

수포자의 시대
김성수·이형빈 지음 | 252쪽 | 값 15,000원

혁신학교와 실천적 교육과정
신은희 지음 | 236쪽 | 값 15,000원

삶의 시간을 잇는 문화예술교육
고영직 지음 | 292쪽 | 값 16,000원

혐오, 교실에 들어오다
이혜정 외 지음 | 232쪽 | 값 15,000원

혁신교육지구와 마을교육공동체는
어떻게 만들어지는가?
김태정 지음 | 376쪽 | 값 18,000원

선생님, 특성화고 자기소개서
어떻게 써요?
이지영 지음 | 322쪽 | 값 17,000원

학생과 교사, 수업을 묻다
전용진 지음 | 344쪽 | 값 18,000원

혁신학교의 꽃, 교육과정 다시 그리기
안재일 지음 | 344쪽 | 값 18,000원

학습격차 해소를 위한 새로운 도전
보편적 학습설계 수업
조윤정 외 지음 | 225쪽 | 값 15,000원

물질과의 새로운 만남
베로니카 파치니-케처바우 지음 | 240쪽 | 값 15,000원

미래교육을 열어가는
배움중심 원격수업
이윤서 외 지음 | 332쪽 | 값 17,000원

● **살림터 참교육 문예 시리즈** 영혼이 있는 삶을 가르치는 온 선생님을 만나다!

꽃보다 귀한 우리 아이는
조재도 지음 | 244쪽 | 값 12,000원

성깔 있는 나무들
최은숙 지음 | 244쪽 | 값 12,000원

아이들에게 세상을 배웠네
명혜정 지음 | 240쪽 | 값 12,000원

밥상에서 세상으로
김홍숙 지음 | 280쪽 | 값 13,000원

우물쭈물하다 끝난 교사 이야기
유기창 지음 | 380쪽 | 값 17,000원

오천년을 사는 여지
엽경미 지음 | 272쪽 | 값 16,000원

선생님이 먼저 때렸는데요
강병철 지음 | 248쪽 | 값 12,000원

서울 여자, 시골 선생님 되다
조경선 지음 | 252쪽 | 값 12,000원

행복한 창의 교육
최창의 지음 | 328쪽 | 값 15,000원

북유럽 교육 기행
정애경 외 14인 지음 | 288쪽 | 값 14,000원

시험 시간에 웃은 건 처음이에요
조규선 지음 | 252쪽 | 값 15,000원

다정한 교실에서 20,000시간
강정희 지음 | 296쪽 | 값 16,000원

● 더불어 사는 정의로운 세상을 여는 인문사회과학 사람의 존엄과 평등의 가치를 배운다

밥상혁명
강양구·강이현 지음 | 298쪽 | 값 13,800원

도덕 교과서 무엇이 문제인가?
김대용 지음 | 272쪽 | 값 14,000원

자율주의와 진보교육
조엘 스프링 지음 | 심성보 옮김 | 320쪽 | 값 15,000원

민주화 이후의 공동체 교육
심성보 지음 | 392쪽 | 값 15,000원
2009 문화체육관광부 우수학술도서

갈등을 넘어 협력 사회로
이창언·오수길·유문종·신윤관 지음
280쪽 | 값 15,000원

동양사상과 마음교육
정재걸 외 지음 | 356쪽 | 값 16,000원
2015 세종도서 학술부문

교과서 밖에서 배우는 철학 공부
정은교 지음 | 280쪽 | 값 14,000원

교과서 밖에서 배우는 사회 공부
정은교 지음 | 304쪽 | 값 15,000원

교과서 밖에서 배우는 윤리 공부
정은교 지음 | 292쪽 | 값 15,000원

한글 혁명
김슬옹 지음 | 388쪽 | 값 18,000원

우리 안의 미래교육
정재걸 지음 | 484쪽 | 값 25,000원

왜 그는 한국으로 돌아왔는가?
황선준 지음 | 364쪽 | 값 17,000원
2019 세종도서 교양부문

공간, 문화, 정치의 생태학
현광일 지음 | 232쪽 | 값 15,000원

인공지능 시대의 사회학적 상상력
홍승표 지음 | 260쪽 | 값 15,000원

동양사상과 인간 그리고 사회
이현지 지음 | 418쪽 | 값 21,000원

장자와 탈현대
정재걸 외 지음 | 424쪽 | 값 21,000원

놀자선생의 놀이인문학
진용근 지음 | 380쪽 | 값 185,000원

포스트 코로나 시대, 예술과 정치
현광일 지음 | 288쪽 | 값 16,000원

좌우지간 인권이다
안경환 지음 | 288쪽 | 값 13,000원

민주시민교육
심성보 지음 | 544쪽 | 값 25,000원

민주시민을 위한 도덕교육
심성보 지음 | 500쪽 | 값 25,000원
2015 세종도서 학술부문

교과서 밖에서 배우는 인문학 공부
정은교 지음 | 280쪽 | 값 13,000원

오래된 미래교육
정재걸 지음 | 392쪽 | 값 18,000원

대한민국 의료혁명
전국보건의료산업노동조합 엮음 | 548쪽 | 값 25,000원

교과서 밖에서 배우는 고전 공부
정은교 지음 | 288쪽 | 값 14,000원

전체 안의 전체 사고 속의 사고
김우창의 인문학을 읽다
현광일 지음 | 320쪽 | 값 15,000원

카스트로, 종교를 말하다
피델 카스트로·프레이 베토 대담 | 조세종 옮김
420쪽 | 값 21,000원

일제강점기 한국철학
이태우 지음 | 448쪽 | 값 25,000원

한국 교육 제4의 길을 찾다
이길상 지음 | 400쪽 | 값 21,000원
2019 세종도서 학술부문

마을교육공동체 생태적 의미와 실천
김용련 지음 | 256쪽 | 값 15,000원

교육과정에서 왜 지식이 중요한가
심성보 지음 | 440쪽 | 값 23,000원

식물에게서 교육을 배우다
이차영 지음 | 260쪽 | 값 15,000원

왜 전태일인가
송필경 지음 | 236쪽 | 값 17,000원

한국 세계시민교육이 나아갈 길을 묻다
유네스코태평양 국제이해교육원 지음 | 260쪽 | 값 18,000원

코로나 시대,
마을교육공동체 운동과 생태적 교육학
심성보 지음 | 280쪽 | 값 17,000원

포스트 코로나 시대의 교육
성열관 외 지음 | 224쪽 | 값 15,000원

● **평화샘 프로젝트 매뉴얼 시리즈** 학교폭력에 대한 근본적인 예방과 대책을 찾는다

학교폭력 어떻게 만들어지는가
문재현 외 지음 | 300쪽 | 값 14,000원

아이들을 살리는 동네
문재현·신동명·김수동 지음 | 204쪽 | 값 10,000원

학교폭력, 멈춰!
문재현 외 지음 | 348쪽 | 값 15,000원

평화! 행복한 학교의 시작
문재현 외 지음 | 252쪽 | 값 12,000원

왕따, 이렇게 해결할 수 있다
문재현 외 지음 | 236쪽 | 값 12,000원

마을에 배움의 길이 있다
문재현 지음 | 208쪽 | 값 10,000원

젊은 부모를 위한 백만 년의 육아 슬기
문재현 지음 | 248쪽 | 값 13,000원

별자리, 인류의 이야기 주머니
문재현·문한뫼 지음 | 444쪽 | 값 20,000원

우리는 마을에 산다
유양우·신동명·김수동·문재현 지음
312쪽 | 값 15,000원

동생아, 우리 뭐 하고 놀까?
문재현 외 지음 | 280쪽 | 값 15,000원

누가, 학교폭력 해결을 가로막는가?
문재현 외 지음 | 312쪽 | 값 15,000원

코로나 19가 앞당긴 미래, 마을에서 찾는 배움길
문재현 외 지음 | 308쪽 | 값 16,000원

● **남북이 하나 되는 두물머리 평화교육** 분단 극복을 위한 치열한 배움과 실천을 만나다

10년 후 통일
정동영·지승호 지음 | 328쪽 | 값 15,000원

선생님, 통일이 뭐예요?
정경호 지음 | 252쪽 | 값 13,000원

분단시대의 통일교육
성래운 지음 | 428쪽 | 값 18,000원

김창환 교수의 DMZ 지리 이야기
김창환 지음 | 264쪽 | 값 15,000원

한반도 평화교육 어떻게 할 것인가
이기범 외 지음 | 252쪽 | 값 15,000원

포괄적 평화교육
베티 리어든 지음 | 강순원 옮김 | 252쪽 | 값 17,000원

● **창의적인 협력 수업을 지향하는 삶이 있는 국어 교실** 우리말 글을 배우며 세상을 배운다

중학교 국어 수업 어떻게 할 것인가?
김미경 지음 | 340쪽 | 값 15,000원

토론의 숲에서 나를 만나다
명혜정 엮음 | 312쪽 | 값 15,000원

토닥토닥 토론해요
명혜정·이명선·조선미 엮음 | 288쪽 | 값 15,000원

인문학의 숲을 거니는 토론 수업
순천국어교사모임 엮음 | 308쪽 | 값 15,000원

어린이와 시
오인태 지음 | 192쪽 | 값 12,000원

수업, 슬로리딩과 함께
박경숙 외 지음 | 268쪽 | 값 15,000원

언어던
정은균 지음 | 268쪽 | 값 15,000원
2019 세종도서 교양부문

민촌 이기영 평전
이성렬 지음 | 508쪽 | 값 20,000원

감각의 갱신, 화장하는 인민
남북문학예술연구회 | 380쪽 | 값 19,000원

참된 삶과 교육에 관한
생각 줍기